AF240922

O. de CARTIER de MARCHIENNE

MES
VOYAGES

PARIS

PAUL DUPONT, Éditeur

4, RUE DU BOULOI

1897

MES VOYAGES

O. de CARTIER de MARCHIENNE

MES

VOYAGES

PARIS

PAUL DUPONT, Éditeur

4, RUE DU BOULOI

1897

PRÉFACE

Pareils à ces livres illustrés de belles images qui, dédiés aux enfants, retiennent le regard et charment l'esprit des grandes personnes, les voyages n'ont pas d'intérêt que pour la seule jeunesse. Voici que, prise d'une grande soif d'inconnu, curieuse de nouveau, n'en fût-il plus au monde, l'humanité s'est mise à regarder par-dessus les montagnes, par delà les mers, à courir en imagination des terres autres que celles de son berceau, et s'est jetée avidement sur les relations d'explorations ou de voyages où elle voit revivre et s'agiter ce qui pour elle n'a été, n'est et ne sera peut-être jamais que le rêve.

*Ces considérations ne sont pas là pour insi-
nuer au public qu'il doit un accueil empressé
à ce nouveau livre* Mes Voyages; *bien plutôt y
cherché-je, auteur inconnu, une excuse à la
liberté grande que je prends de lui offrir ici
un plat que d'autres lui ont déjà excellemment servi.*

*Aussi bien, en dehors du plaisir qu'on
éprouve à revivre des heures agréables en les
racontant à des amis, voici la véritable raison
de la publication de ce livre :*

*Il n'est pas de voyageur qui, rentrant dans
sa patrie après une longue absence, ne se soit
préoccupé de rapporter quelques souvenirs à
sa famille et ses amis. Plus que tout autre,
honoré que je suis de grandes affections et de
chères amitiés, j'ai eu cette préoccupation, et
c'est pour y répondre que j'ai réuni en un
volume mes impressions de voyage, les sa-
tisfactions que j'y ai trouvées et les études
que j'ai pu y faire — et ce volume, je le
dédie à mes amis, estimant que c'est là le*

meilleur souvenir qu'il soit en mon pouvoir de leur offrir, parce que j'ai la conscience de leur offrir en lui quelque chose de moi-même, huit années de ma vie.

Mes vœux seront comblés, mon ambition intime sera satisfaite si la lecture de ce livre leur procure un peu des joies réelles que j'ai connues à courir le monde.

Bruxelles-Paris, le 1er mars 1897.

OCTAVE DE CARTIER DE MARCHIENNE.

LONDRES

MES VOYAGES

CHAPITRE PREMIER

Londres

Vingt-trois ans, l'âge des grands rêves ; cinq ans de service dans la cavalerie, avec, aux épaules, la lourdeur d'une carrière sans avenir ; un goût prononcé pour le mouvement, un besoin irrésistible de voir et d'apprendre, et enfin et surtout, un gros deuil de famille qui vint brusquement me pousser à compenser le vide de cœur subi, telles sont les circonstances dans lesquelles j'entrepris, en mai 1888, mon premier voyage.

Londres m'attirait. De tout temps, des sympathies naturelles et certaines affinités de caractère ont uni mes concitoyens et nos voisins d'Angleterre. Ces sympathies, je les éprouvais, avec, en plus, une très vive curiosité de pénétrer au cœur de la vie anglaise...

1.

Je pris le bateau à Ostende. C'était là ma première traversée, comme aussi ma première exode de la terre natale, et je ne puis me retenir de noter ce qu'on éprouve lorsque, le bateau suivant sa route et les côtes de son pays s'estompant dans la brume, on se sent ainsi, pour la première fois, séparé de ce qui, jusqu'à ce jour, a été toute notre vie, et lancé vers quelque chose qu'on ne connaît pas encore. Du côté du cœur, un petit déchirement, le regret de ce qu'on quitte; du côté de la tête, l'éveil d'une vie nouvelle, la fièvre de l'inconnu qu'on va connaître...

D'Ostende à Douvres, la traversée est d'environ quatre heures, une partie de plaisir pour les habitués, une éternité quand on a hâte de retrouver la terre.

A mi-chemin, comme un énorme poteau indicateur, le bateau-phare de Ruytingen...

Encore deux heures, et la côte apparaît, les falaises grises que domine le château de Douvres, l'ancienne forteresse romaine restaurée et complétée par les Normands et restée jusqu'à nos jours une sentinelle côtière.

En quittant Douvres, le train qui nous emporte à Londres longe la côte et passe sous trois tunnels qui, en dépit de la rapidité du train, supérieure à celle qu'on obtient partout ailleurs, paraissent interminables : l'un d'eux a près de deux kilomètres de longueur. Le premier de ces tunnels porte, je crois, le nom de la falaise qu'il traverse, la falaise de Shakespeare — et remarquez ici le sens à la fois pratique et, pour ainsi dire, religieux de l'Angleterre : aux premiers pas qu'il fait chez elle, l'étranger s'entend rappeler l'une des gloires de ce grand pays.

Rien à noter sur la ligne jusqu'à notre arrivée à Londres, sinon Chislehurst, qu'on aperçoit sur une colline boisée, Chilslehurst, retraite et tombeau de Napoléon III. Je m'empresse d'ajouter, pour la parfaite exactitude de ces notes, que les restes du vaincu de 1870 ont été ultérieurement, avec ceux de son fils le Prince Impérial, transférés à Farnborough.

Charing-Cross; nous sommes à Londres.

Londres !

Je ne voudrais pas me donner le ridicule de découvrir aujourd'hui l'Amérique, et je sens bien que c'est à peu près ce à quoi je vais m'exposer en parlant de la capitale de l'immense empire britannique.

Huit ans après cette première visite, je retrouve

encore, comme si c'était d'hier, la sensation qui m'y assaillit : d'abord un étonnement voisin de la stupéfaction, puis une admiration réelle et profonde.

Londres, la régularité dans l'énorme, une ruche de quatre cent mille cases abritant plus de quatre millions d'abeilles ! Depuis le commencement du siècle, sa population a quadruplé ; à elle seule, elle compte plus d'habitants que la Hollande, que la Suisse, que le Portugal, et rien n'égale la puissance vitale, l'activité industrielle et commerciale de cette étonnante machine, si ce n'est l'ordre pratique qui préside à tous ses mouvements.

Mon séjour à Londres fut de deux semaines ; il m'en eût fallu dix pour bien voir la grande Cité. Si insuffisante qu'ait été cette visite, je me risque à donner mes impressions et mes observations.

Et d'abord quelques mots de l'histoire de Londres.

On sait que les origines de la capitale britannique remontent à l'époque celtique. Une tribu bretonne vint s'établir là et y fonda une ville qu'elle baptisa *Lyndin*, de deux mots celtes : *Lyn*, marais, et *din*, forteresse élevée. De *Lyndin*, les Romains

firent *Londinium*, d'où est venu London, le nom
actuel. La ville s'appela aussi Caer-Ludd, de Lud,
un de ses rois bretons.

Une porte de l'ancienne enceinte fortifiée porte
encore le nom de Ludgate, où l'on retrouve le même
souvenir.

A en croire les légendes et aussi quelques traditions historiques, d'ailleurs dignes de foi, l'activité commerciale de Londres se serait manifestée
dès les origines de la ville. L'occupation romaine
développa encore cette activité et la canalisa prati-
quement. Au premier siècle de l'ère chrétienne,
Londres était déjà cité comme un centre commercial de premier ordre.

Sa réputation de richesse valut à Londres des
visites plus qu'intéressées : tour à tour les Francs,
les Normands, les Danois et les Saxons vinrent
rançonner la cité. Ces derniers restèrent définiti-
vement les maîtres du pays et firent de l'île un
royaume saxon avec Londres pour capitale.

Inutile de rappeler la seconde conquête du pays
par Guillaume le Conquérant et ses Normands ;
mais peut-être n'est-il pas superflu d'avancer que
c'est de cette époque, de la fusion des deux races,
que date le véritable caractère britannique, ce
caractère froid, méthodique et pratique qui a tra-

versé les siècles sans subir la moindre variation.

Qu'on me permette de passer rapidement sur les guerres étrangères qui sont de l'histoire de l'Angleterre et même sur les guerres civiles dont les scènes principales se jouèrent à Londres. Comme il s'agit ici surtout du développement de la grande ville, mieux vaut se borner à rappeler les fléaux qui arrêtèrent son essor : le grand incendie de 1666 qui détruisit le quart de Londres, et le cyclone de 1703 qui renversa jusqu'à des clochers. C'est surtout depuis 1750 que Londres a été pris de la fièvre de constructions qui, du commencement de notre siècle à nos jours, est devenue de la frénésie. J'ai dit plus haut que dans cette dernière période Londres avait eu sa population quadruplée.

Tout d'abord et longtemps Londres ne comprit que la cité, la ville berceau, restée encore le cerveau de la métropole, le centre de son activité ; peu à peu la cité a absorbé les faubourgs, autant de villes grandies à son ombre, en sorte que Londres, ainsi que l'a excellemment dit un auteur anglais, sir Charles Dilke, est moins une ville qu'une agglomération de villes.

Ce n'est pas précisément une chose facile que
de visiter Londres. Certes, les moyens de transport y abondent ; les omnibus, les cabs, les voitures de remise y circulent à profusion, conduits
par des cochers infiniment plus sûrs que ceux de
Paris et que je comparerai presque à ceux de la
capitale de l'Autriche, des modèles de force et
d'adresse, ceux-là ; mais c'est tout un monde que
cette ville immense et un monde où l'on se perd
cent fois par jour, surtout lorsque l'on n'entend
que très imparfaitement la langue anglaise. — Et
c'était mon cas.

Au moment d'entamer cette visite, je me tâtai,
comme vous le feriez à l'entrée d'un labyrinthe
sans issue — et je ne me découvris qu'un fil à
suivre : mon guide — et j'avoue humblement que
je le suivis.

Le premier jour seulement, car je m'aperçus bien
vite qu'en marchant ainsi je mettrais trop longtemps à tout voir et que, pour aller vite, je ne
verrais rien.

Dès le second jour, je lâchai la bride à ma fantaisie, je n'écoutai plus qu'elle, et voici ce qui
m'est resté. — Qu'on se garde bien de tenir ce
qui suit pour un modèle d'itinéraire à travers les
curiosités de Londres ; on s'exposerait à d'étranges

déceptions : c'est au hasard de mes souvenirs, d'ailleurs précis, que je raconte et que je cite.

D'abord la cité, le berceau de Londres, comme je l'ai déjà dit, le centre des affaires et de la richesse. La cité, tout le jour grouillante d'une foule active et pressée, et morte dès le soir. Des millions d'êtres humains s'y agitent le jour ; le dixième à peine y passe la nuit, y habite réellement.

Au milieu de la cité, sur une élévation, la cathédrale de Saint-Paul, construction très remarquable du xvii° siècle, qui, par sa forme de croix latine et son dôme double, rappelle un peu Saint-Pierre de Rome.

L'aspect extérieur est des plus imposants ; l'intérieur est sombre et paraît un peu vide, mais cela tient surtout à ses vastes proportions, car les monuments élevés aux gloires du pays et aux hommes qui l'ont illustré y sont nombreux : celui du duc de Wellington, le vainqueur de Waterloo, celui de l'amiral Nelson, le vainqueur de Trafalgar, celui de la *Cavalerie de Crimée*, élevé à la mémoire des officiers et des soldats anglais tués dans la guerre de Crimée, et une foule d'autres rappelant les noms et les actes ou abritent les cendres de généraux, d'amiraux, de poètes, de peintres, d'illustrations nationales qui, pour ne pas être très connues à l'étranger, n'en constituent pas moins des célébrités nationales.

Chose peu commune à Londres, le jour où je visitai Saint-Paul, le ciel était clair et j'eus, du haut de la galerie qui court autour du dôme, le magnifique spectacle de la ville à mes pieds.

De cet édifice moderne et, à mon sens, le plus remarquable de Londres, je fais un saut en arrière, pour retomber en plein moyen âge, à la Tour de Londres, le château de la couronne, quelque chose comme l'ancienne Bastille de Paris.

La légende veut que la Tour date et ait été l'œuvre de Jules César; Shakespeare lui-même, dans la pièce qu'il a consacrée au grand Romain, a adopté et illustré cette légende; mais elle est détruite en grande partie par le caractère architectural de l'édifice, lequel porte la marque du xie siècle et donne raison à l'histoire qui attribue la construction de la Tour à Guillaume le Conquérant.

Tour à tour et souvent à la fois résidence des monarques, siège de leur cour et prison d'État, on peut dire que la Tour de Londres a abrité ou vu

passer tout ce qui constitue l'histoire de l'Angleterre.

Les visiteurs affluent à la Tour; il n'est pas
d'étranger qui ait traversé Londres sans la visiter.
Tout le passé de l'Angleterre revit là, impression-
nant au possible, et dès qu'il approche, le visiteur
en est prévenu : les gardiens de la Tour portent
encore un uniforme, d'ailleurs très beau, qui nous
ramène au temps de la reine Élisabeth. Ce n'est
pas là pour la foule une des moindres curiosités de
la Tour; une autre à signaler, c'est l'exposition,
dans une pièce spéciale, de la couronne historique
d'Angleterre et, entre autres joyaux et diamants,
du plus gros diamant du monde, le Kohinoor.

En quittant la Tour, je visitai le Guildhall, la
maison de ville, qu'il ne faut pas confondre avec
le Mansion-House, la résidence du lord-maire. Le
palais du Guildhall, c'est l'histoire; le Mansion-
House, c'est l'administration. Celui-ci vit, toute
l'année, de la vie même de Londres à laquelle le
lord-maire préside; celui-là dort trois cent soixante-
quatre jours par an. Il ne se réveille que le 9 no-
vembre, jour du banquet du lord-maire, et avec
lui ressuscite pour quelques heures tout le passé

qu'il abrite, car c'est dans la pompe et les costumes historiques que ce banquet a lieu.

Pour le culte du passé les Anglais tiennent la
tête des peuples : peut-être est-ce là qu'il faut chercher le secret de cet esprit de persévérance et de
ce caractère d'unité qui font leur force.

En tête des curiosités historiques de Londres,
un nom se détache, non moins attirant que celui
de la Tour : Westminster, l'abbaye qui a vu le
couronnement des rois et qui garde leurs cendres,
comme celles des plus illustres fils de l'Angleterre ;
Westminster, le Panthéon anglais, le sanctuaire
de la patrie.

La première abbaye de Westminster datait du
viie siècle ; c'était un monastère élevé par les ordres
d'un roi saxon. L'abbaye actuelle a été construite
en partie au xiiie siècle. Plus tard, Henri VII y
ajouta sa chapelle, le plus beau morceau du monument ; enfin, vinrent les tours édifiées sur des
plans de l'architecte Wren, le même qui avait
donné ceux de la cathédrale de Saint-Paul. Autant
cette dernière peut paraître manquer d'ornements
à l'intérieur, autant Westminster apparaît richement décorée.

Qu'on me dispense de citer les monuments et

les tombeaux qu'elle abrite; je l'ai dit plus haut, c'est toute l'histoire royale, militaire, artistique, nobiliaire de l'Angleterre qu'il me faudrait rappeler.

J'ai passé tout un jour à la Galerie nationale, le Louvre de Londres. — D'abord un hommage à Trafalgar-Square, la place qui s'étend devant la Galerie, certes une fort belle place. Au milieu du Square, la colonne de Nelson, en granit, surmontée de la statue du vainqueur de Trafalgar.

La Galerie nationale est de fondation moderne, presque récente, 1824; sa partie principale a été terminée en 1838. Depuis, la galerie a été l'objet de modifications et d'additions presque continuelles; jors de ma visite, on travaillait à l'enrichir d'une galerie nationale de portraits.

Les Anglais regardent ce musée comme le premier du monde. Je n'y contredirai point : d'abord le suis plutôt un profane en pareille matière et je sais que l'opinion anglaise est partagée par une foule de connaisseurs. Mais je ferai pourtant quelques réserves touchant les collections d'art moderne; il m'a paru qu'elles n'étaient pas à la hauteur de ce que j'ai vu et admiré ailleurs; quant aux peintures anciennes, les collections sont

d'une beauté et d'une richesse de premier ordre.
Il y a d'admirables morceaux au Louvre, à Anvers,
à Madrid, à La Haye, à Amsterdam ; nulle part les
collections ne sont plus riches qu'à la Galerie nationale.

Toutes les écoles y sont représentées : l'école
toscane, les primitifs italiens, l'école hollandaise,
l'école flamande, Florence, Ferrare, Bologne, Venise ; l'école française, l'école espagnole, l'école anglaise, l'ancienne et la moderne — en tout près de
quinze cents numéros, parmi lesquels une foule de
chefs-d'œuvre et pas mal de merveilles historiques.

Comme je sortais de là, très enthousiasmé —
car enfin, je dois l'avouer, je ne m'attendais pas à
trouver à Londres et chez les Anglais un culte à
ce point raffiné de l'art — j'eus la bonne fortune
d'être abordé par un gentleman qui parlait assez
bien le français et me fit l'honneur de me demander, non sans une pointe de satisfaction,
quelle impression j'emportais de ma visite. Je dois
dire que la démarche était un peu intéressée ; on
verra plus loin comment.

Je répondis par l'aveu très sincère de mon admiration, d'autant plus vive qu'elle était plus étonnée.

— Je comprends, dit le gentleman. Vous êtes
étranger, Français peut-être ; c'est la première fois

que vous nous visitez et, sur la foi de notre réputation, vous pensiez que nous passions tout notre
temps et que nous employions toutes nos forces
à faire aller le commerce... Vous voilà détrompé.
Attendez, je tiens à vous prouver que vous n'êtes
pas le seul à admirer...

Et m'entraînant dans une pièce qui dépend de
la Galerie nationale, il me mit sous les yeux une
brochure publiée en français et me dit simplement:

— Lisez !

C'était la relation d'une visite de la Galerie nationale faite par un ancien directeur du musée du
Louvre, M. Frédéric Reiset, relation tout à l'honneur de la Galerie.

— Vous voyez que je ne vous trompais pas,
insista l'obligeant gentleman : le Français qui a
écrit cela est un maître connaisseur.

Et le voilà parti à paraphraser les louanges du
maître connaisseur et à faire valoir des beautés
que j'avais déjà reconnues.

Je dus l'interrompre, mais comme je le remer-
ciais en cherchant à me retirer, il me retint :

— Votre Honneur ne saurait partir sans empor
ter un souvenir de ces merveilles...

Et, sans me laisser le temps de répondre, il me
glissa pour quelques livres de photographies des

principaux numéros du musée, photographies que
je ne pouvais plus refuser et que je m'empressai
de solder.

Oh ! l'esprit de commerce anglais !

Les musées sont nombreux à Londres ; je n'en
ai visité qu'un, le British Museum, dont tout le
monde connaît l'importance ; je crois que les
Anglais sont, à juste titre, aussi fiers, sinon plus,
de ce musée que de leur Galerie nationale.

Je m'aperçois que je n'ai pas encore, dans toutes
ces courses, trouvé le moyen de parler de la
Tamise, le fleuve à qui Londres doit en grande
partie sa richesse — et ses brouillards : les meilleures choses ont leurs inconvénients. Ces brouillards qui, s'épaississant de la fumée des innombrables usines, font le désespoir de l'étranger, les
Anglais ont pris leur parti de s'en accommoder ;
pour un peu ils les trouveraient nécessaires à
l'exacte physionomie de leur capitale, et je ne suis
pas éloigné de partager cette opinion. De même
qu'on ne respire, qu'on ne vit nulle part aussi à
l'aise que dans l'atmosphère natale, les villes ne
sont bien, ne sont elles-mêmes que sous le ciel où
elles ont poussé. Jetez sur Londres le ciel de Flo-

rence, inondez-le de soleil, la ville qui n'est que sombre par le brouillard vous apparaîtra lugubre sous les clartés étincelantes d'en haut.

La Tamise est coupée de ponts sans nombre; je n'en citerai qu'un, celui du haut duquel je me suis offert le spectacle de l'activité anglaise, le Pont de Londres, le plus ancien de tous et, jusqu'au siècle dernier, l'unique pont de la ville.

Le Pont de Londres, tel qu'il est actuellement, date de 1830. Il a près de 300 mètres de long et 26 mètres de large; il n'a que cinq arches, et vous voyez d'ici ce que représente comme ouverture chacune de ces arches.

Comme monument, ce pont est déjà très remarquable, mais ce qui dépasse toute imagination, ce qui me laissa un long moment bouche bée, c'est l'extraordinaire mouvement dont il est le théâtre. Nulle part je n'ai eu sous les yeux pareil tableau de l'activité humaine.

Une autre visite du port et des docks devait encore ajouter à mon admiration. Oh! ce port de Londres, centre de tout le commerce britannique, de ce commerce qui rayonne sur le monde entier, j'en garderai toute ma vie l'image grandiose dans mes yeux émerveillés.

A perte de vue, sur les deux rives du fleuve,
s'étendent les entrepôts, les docks où s'entassent
les marchandises déversées par les navires de tous
les pays connus. Quand je dis sur les rives, je ne
suis qu'à moitié exact; je devrais dire aussi sous
les rives, car le sol sur lequel s'élèvent les docks
est aussi fouillé de caves immenses.

Au sortir de ce spectacle, on s'explique facilement la colossale fortune commerciale de l'Angleterre, et on éprouve le besoin de proclamer que
cette fortune est méritée.

De la Tamise, je fais un saut vers les parcs.
Après l'effort, l'effet. Après la vie active et féconde,
la jouissance de ce qu'elle produit.

Les parcs sont très nombreux à Londres, très
vastes et bien compris, portant la marque de
l'esprit pratique qui dirige tout. Le plus beau,
c'est Hyde-Park-Corner, ou simplement Hyde-
Park.

Je l'ai vu au mois de mai, dans toute sa beauté,
ses arbres en pleine verdure et toutes ses pelouses
fleuries; je l'ai vu tout sillonné de riches équipages et d'élégants cavaliers — et pour quelqu'un
qui, comme moi, ne connaissait pas encore Paris,

ses Champs-Élysées et son Bois, j'avoue que cette vision avait quelque chose d'éblouissant.

Hyde-Parck, c'est la fortune, le luxe, la grande vie de Londres; quelqu'un m'offrit de me montrer l'envers de cette médaille, et je le suivis à White-Chapel.

Vous connaissez White-Chapel, le quartier de la misère et des voleurs. Vous en trouverez le tableau dans tous les livres où Londres est étudié. L'effroyable contraste que forme ce quartier avec Hyde-Park, cette lèpre avec ce miroir de beauté, n'a jamais manqué de tenter la plume des écrivains et l'imagination des romanciers.

J'emportai de cette visite une grande impression de tristesse. Et cependant, je dois le reconnaître, Londres fait les plus louables efforts pour soulager cette misère et assainir cette façon de camp retranché du vice et du crime. Sans parler de la croisade de l'*Armée du Salut* — ailleurs, dans d'autres pays, j'ai vu sourire sur le passage des soldats de cette armée; je vous assure qu'ici on songe plutôt à admirer, tant la tâche est lourde et répugnante et souvent périlleuse — il y a à Londres une foule de missions créées pour venir en aide, moralement et matériellement, aux malheureux.

Changeons d'air.

Le lendemain de ma visite à White-Chapel, j'allais voir la Bourse que les Anglais appellent le Royal-Exchange. Le monument date, je crois, de la fin de la première moitié de ce siècle; il ne manque ni de grandeur ni même de beauté architecturale, mais son aspect est gâté par les boutiques dont son extérieur est flanqué.

Le Royal-Exchange, qui me parut correspondre aux Bourses de Commerce des autres pays, n'est le siège que d'une partie des transactions commerciales de Londres. Presque chaque branche du commerce britannique a sa bourse spéciale; la plus importante est le Stock-Exchange, ou Bourse des fonds publics et des valeurs.

Sur la place où s'élève le Royal-Exchange — place décorée d'une assez jolie statue équestre du duc de Wellington — se dressent aussi la Banque d'Angleterre et le Mansion-House : j'ai déjà parlé de cette résidence officielle du lord-maire.

Comme édifice, la Banque d'Angleterre est quelconque, avec pourtant une particularité bizarre : c'est un bâtiment sans fenêtres, à l'extérieur du moins; il date de la fin du xviiie siècle.

Comme institution, la Banque d'Angleterre est

une société par actions avec privilège exclusif pour l'émission du papier monnaie.

Si Londres est par excellence la ville du commerce et de l'industrie, c'est aussi celle des sports et des distractions.

Comme je m'y trouvais à l'époque où la *season* battait son plein, j'eus l'agrément d'assister au Derby d'Epsom. On sait que les courses de chevaux — une création anglaise — sont nombreuses en Angleterre; Derby, Oaks, Ascot, Sandown, Kempton-Dark. La principale, celle qui tient la tête de toutes les fêtes hippiques, c'est le Derby d'Epsom, qui correspond en France au grand prix de Paris. Ce jour-là, le commerce chôme, les affaires sont renvoyées au lendemain; Londres est à Epsom.

Je m'y rendis en mail-coach. C'était la première fois que je voyageais de la sorte; j'en ai gardé un souvenir plutôt agréable. Quand il fait beau, le mail-coach anglais, confortable et même luxueux, bien attelé et supérieurement conduit, est d'un usage charmant.

Que dire du Derby lui-même? C'est la fête anglaise par excellence, et, pour l'étranger, ce n'est

pas une des moindres curiosités de ce pays, où tout
est à voir.

Une autre fête à laquelle je pus assister et qui
peut être comparé au Derby, c'est celle des régates
des Universités d'Oxford et de Cambridge. Affluence
presque aussi considérable qu'à Epsom. Une remarque : l'Anglais, plutôt froid et difficile à émou-
voir, se montre réellement passionné aux régates :
qu'il soit du parti d'Oxford ou qu'il en tienne pour
Cambridge, il manifeste comme un Français. Peut-
être y a-t-il là un vieux reste d'antiques rivalités.

J'ai dit que Londres était la ville des distractions : on y compte une centaine de théâtres ou
grands concerts et une infinité d'autres salles de
spectacles divers.

J'ai visité quelques-uns de ces théâtres ; je n'y ai
pas retrouvé nos théâtres de Bruxelles, mais j'ai
entendu Irving, et, sans saisir exactement le
texte de la pièce, j'ai été pris aux entrailles par le
jeu de ce grand artiste.

Les théâtres de Londres sont, en général, bien
installés ; le confort y est bien compris, c'est d'ailleurs une règle sans exception dans ce pays à la
fois pratique et correct.

Ce qui m'a le plus frappé dans les spectacles

auxquels j'ai assisté, c'est — qu'on me pardonne !
je répète que, possédant insuffisamment la langue
anglaise, il m'était difficile de mordre aux beautés
du texte — c'est le machinisme de la scène. J'ai vu
là des changements à vue, ce qu'on est convenu
d'appeler des trucs, absolument troublants.

Mais depuis j'ai vu les théâtres d'Italie, ceux
surtout de Paris, et je confesse que le talent des
artistes m'a fait un peu oublier les machinistes de
Londres.

J'ai parlé à plusieurs reprises du confortable anglais ; c'est surtout dans les hôtels qu'il éclate,
dans les bons hôtels bien entendu. Je ne ferai pas
le même éloge de la cuisine anglaise : il se peut, et
je le crois, qu'elle plaise aux Anglais, elle ne satis-
fait que fort médiocrement l'étranger. Il est vrai
que l'hôtel où j'étais descendu nous servait de la
cuisine française, qui me parut excellente.

Les cafés de Londres, par leur aspect et leur amé-
nagement, diffèrent essentiellement de ceux des
autres pays et leur sont, à mon avis, inférieurs.
Aussi bien, le café a-t-il perdu beaucoup depuis la
création des bars ; ces comptoirs luxueux devant
lesquels on boit debout ou assis sur une chaise
haute, accaparent toute la clientèle des buveurs.

On ne joue pas aux cartes dans les établissements publics; mais le billard et les échecs sont permis et en grande faveur. Comme tous les jeux d'adresse, le billard a surtout d'innombrables fervents.

A signaler, à côté des bars, les public-houses, établissements médiocres qui, d'ailleurs, ne désemplissent pas. On n'y boit pas seulement debout, mais en courant, de la bière, du bitter, de l'ale, quelquefois du vin, mais quel vin !

Je reviens aux sports pour noter un point personnel. C'est à Londres et pendant ce premier séjour que j'ai appris à monter à bicyclette. Deux ou trois jours avant de quitter l'Angleterre, je me sentis assez solide pour tenter un voyage, et je m'offris, s'il vous plaît, le tour de l'île de Whigt, cent kilomètres environ. Revenu à mon point de départ, j'étais légèrement las, mais ravi. L'île est jolie, elle est semée de points de vue ravissants.

Rentré à Londres, je consacrai les derniers jours de mon séjour à visiter ses environs : Greenwich et son parc célèbre, Woolwich et son arsenal, Dulwich et le palais de Cristal, Windsor et son superbe château.

Enfin, je fis une excursion à Brighton, la plus belle des plages anglaises. L'avouerai-je? Prévenu en faveur de cette plage par tout ce que j'en avais entendu dire, j'eus en y arrivant une petite déception. Certes elle est belle et mérite sa réputation; mais combien je lui préfère notre plage d'Ostende, ignorante des galets et des cailloux qui gâtent celle de Brighton, et pourvue d'ombrages, ce qui manque totalement à cette dernière ouverte à tous les vents et livrée aux coups de soleil!

J'ai passé à Brighton une heure très agréable, en visitant son aquarium peuplé des plus remarquables spécimens des grands poissons : dauphins, requins, marsouins et autres monstres marins qui m'étaient jusqu'à ce jour restés totalement inconnus...

Il me reste à résumer les impressions que j'ai rapportées de Londres. J'en profiterai pour dire quelques mots du peuple anglais lui-même, dont jusqu'ici j'ai beaucoup moins parlé que de sa capitale.

L'Anglais est froid, mais cette froideur n'est pas une façon de pose, elle lui est naturelle, c'est la marque première du caractère britannique.

L'Anglais ne s'emballe jamais; il ne s'échauffe

que sur des questions capitales, la grandeur nationale, par exemple, pour laquelle il est toujours
prêt à donner sa fortune et sa vie. Une fois
parti, il va jusqu'au bout, avec une constance
dans l'idée et une ténacité dans l'exécution qu'on
ne rencontre au même degré chez aucun autre
peuple.

Il est correct et le fait voir en soignant sa mise;
mais on dirait qu'en cela il vise surtout à faire honneur à son pays et à contribuer à sa bonne réputation auprès des étrangers qui viennent le visiter.
Voyez-le à Londres et examinez-le à Bruxelles ou
à Paris ou en Suisse : ce n'est plus le même
homme. A Londres, il ne va au théâtre qu'en habit
de soirée; ailleurs, il s'y rend volontiers dans son
costume de touriste. Il marche sans voir sur les
usages du pays qu'il visite, se soucie peu du qu'en
dira-t-on et dédaigne les quolibets. Il emporte sa
patrie avec sa bible dans sa valise; il n'est pas
seulement un Anglais qui voyage, il est l'Angleterre, la première nation du globe et la reine des
mers.

Ce culte du pavillon national va chez lui jusqu'au
fanatisme et il s'incarne, d'une façon visible et tan-
gible, dans le respect de la royauté et des autorités.
Prenez à Londres, ou sur n'importe quel point de

l'empire britannique, une réunion d'hommes dis-
cutant sur un point qui les passionne et, au beau
milieu de la discussion, annoncez l'apparition de
la reine ou d'un membre de la famille royale, faites
même tout simplement attaquer par une musique
le *God save the queen :* immédiatement tout se
calme, les têtes se découvrent, ces têtes anglaises
qui ne retirent pas volontiers leur coiffure ; plus
de discussion, plus de bruit : le calme et l'union
se sont faits dans l'hommage à rendre à la
royauté.

Autre exemple, et celui-là a trait au respect de
l'autorité, l'obéissance passive, sans l'ombre d'une
discussion, au policeman. Nulle part et pour cause,
les encombrements et les bagarres ne sont aussi
communs qu'à Londres, et il suffit d'un geste
de policeman levant son bâton pour rétablir
l'ordre.

L'Anglais, très patriote, est-il bon soldat? Je
crois qu'il a fait ses preuves aux heures où l'honneur de l'Angleterre était en jeu, et qu'il le fait
encore dans les expéditions où le pavillon du pays
est engagé. Mais, à proprement parler, ce qu'on
appelle ailleurs l'armée existe à peine en Angleterre
en temps de paix, je parle bien entendu de l'armée
de terre. Pour rares qu'ils sont, les régiments de

cette armée donnent une haute idée de ce que pourrait être la force millitaire de l'Angleterre. Le jour où je visitai Hyde-Park, j'assistai au défilé d'un régiment de cavalerie qui traversait le parc : c'était fort imposant et d'un aspect magnifique.

C'est par la mer que l'Angleterre a grandi et conquis sa haute situation ; c'est vers la mer que sont toujours tournés ses regards, c'est à elle qu'elle donne toutes ses forces. Comme nombre, comme organisation, sa marine, soldats et matelots, tient la tête de l'Europe et du monde ; ses vaisseaux sont innombrables et chacun d'eux équivaut à l'un des régiments que les plus fortes puissances continentales peuvent mettre en ligne. Je quittai l'Angleterre avec un seul regret, celui de n'avoir pu assister à une revue navale.

Considérée au double point de vue de la richesse et de la force, l'Angleterre n'est pas seulement une puissance de premier ordre, c'est la puissance même.

Au début de ce chapitre j'ai mis en avant les sympathies et les affinités de race qui unissent les Anglais et nos compatriotes. Je tiens, en terminant, à le rappeler encore. Je suis convaincu que les sympathies anglaises répondent aux sympathies belges ; je n'en veux d'autre preuve que la considération et l'estime dont le roi des Belges jouit en Angleterre et à la cour de Londres.

Depuis ce premier voyage, je suis souvent retourné à Londres, et la grande cité m'est aujourd'hui assez connue pour que je puisse m'y diriger sans guide.

ITALIE

Italie

Au mois de septembre de cette même année
1888, je partais pour l'Italie où j'allais passer la
saison d'hiver.

Parti de Bruxelles, je ne m'arrêtai qu'à Milan,
la capitale de l'ancienne Lombardie.

On rira si l'on veut de mon sentimentalisme,
mais ce n'est pas sans un sentiment de mystérieux
respect, ce sentiment qui vous assaille au parvis
des temples sacrés, que je mis le pied sur le sol
de l'Italie, sur cette terre classiquement historique.
J'avais la tête pleine de son passé, j'allais étudier
son présent, et je foulais son sol pour la première
fois.

J'avoue d'ailleurs que, sur la foi de mes lectures et des leçons reçues, je m'attendais à voir
un pays beau à miracle et suant la gloire et le

génie pour toutes les crevasses de son sol. J'ajoute
que la connaissance de cette race ultra-méridio-
nale et de son caractère si différent de notre caractère, à nous, hommes du Nord, excitait vivement
mon intérêt.

Je l'ai vu de près, ce caractère, à Milan, à Florence, à Naples, à Venise, à Rome — et je confesse
que je lui préfère celui de mes compatriotes.

L'Italien est l'homme des impressions vives et
subites, mais, qu'on excuse la comparaison en ce
qu'elle pourrait avoir d'excessif, c'est un peu le
feu de paille qui s'éteint après avoir jeté quelques
lueurs. Moins prompt à sentir, beaucoup plus lent
à se décider, pesant ses paroles et réfléchissant
ses actes, l'homme du Nord me paraît plus sûr;
il est assurément moins brillant, mais, au fond,
il doit être plus solide. Aussi bien, primesautier
et facile à échauffer, l'Italien est d'une nature plutôt nonchalante : c'est la faute de son soleil, de
cette terre chaude et embaumée où la vie est à la
fois facile et douce. C'est surtout chez la femme
qu'apparaît cette note de nonchalance et de lan-
gueur, marque d'une race qui a tant et si ardemment vécu qu'elle en est arrivée à la lassitude de
vivre.

Nous sommes, disais-je, à Milan, en pleine

Lombardie. Les souvenirs historiques m'assaillent en foule ; je revois cette terre si chaudement disputée, arrosée de tant de sang ; il me semble que ses habitants actuels doivent porter au front et dans les yeux quelque chose de ces luttes sanglantes.

Et je trouve une ville très calme, des habitants très paisibles qui portent allègrement le souvenir de ce passé.

Trois cent vingt et quelques milliers d'habitants. D'un côté les Alpes, de l'autre le Pô ; des canaux nombreux dont les eaux refont une jeunesse à cette vieille terre.

J'ai visité la cathédrale ; c'est un très beau morceau de l'architecture du xive siècle. Elle est ornée de fresques et de tableaux d'une grande beauté.

Je n'ai fait à Milan qu'un court séjour. Venise m'attire. Venezia la Bella, la ville des eaux, la cité des lagunes, la capitale des doges, pour lui donner tous ses noms historiques.

Venise, on le sait, est bâtie au bord de l'Adriatique, sur le Lido, corruption italienne du mot latin *littus*, qui signifie le littoral. Elle fait mentir la sagesse des nations qui frappe d'instabilité tout ce qui repose sur le sable : Venise, en effet, n'est

pas bâtie sur autre chose que des îlots de sable,
et elle défie les siècles.

Certes, ce n'est plus la formidable République
qui régna sur les mers, mais, en dépit des temps
écoulés, c'est toujours la belle Venise, la ville
rouge aux cent cinquante palais et aux quatre cents
ponts se mirant dans les eaux des canaux qui lui
servent de rues. Les gondoles, qui sont les omnibus de cette vénérable cité, continuent à glisser
sur ces eaux, comme au temps des doges; les gon-
doliers y chantent toujours leur patrie et l'amour,
et les femmes y sont toujours belles.

J'ai vu et admiré Saint-Marc et ses lions; j'ai
même porté quelques-uns de ses pigeons sur mes
épaules.

A propos de pigeons, il m'arriva là une histoire
qu'il faut que je raconte.

Je m'étais pourvu d'un guide qui connaissait
admirablement Venise et son histoire et peut-être
mieux encore l'art de se faire des rentes avec la
curiosité des voyageurs. Détail particulier, mon
guide avait des mains très blanches, très belles et
une demi-douzaine de bagues aux doigts.

Un beau matin — la veille, je l'avais prévenu
qu'ayant vu à peu près tout ce qu'il y avait à voir,
j'allais repartir — il vint la bouche enfarinée me

rappeler quelque chose que nous avions oublié.

— Quoi donc? demandai-je.

— Mais la grande curiosité historique, l'endroit où le doge jetait son anneau à la mer comme gage d'épousailles !

Le moyen de refuser de voir l'endroit où le doge épousait la mer ! Je n'essayai pas de résister et suivis mon guide.

Arrivés audit endroit historique, mon homme m'arrêta, se découvrit et me récita lentement, gravement, la grande tradition. En terminant, il regarda ses mains et parut tout déconfit : ce matin, il avait oublié ses bagues chez lui...

— Il n'y a pas là de quoi vous désoler, remarquai-je.

— Mais si ! protesta-t-il avec conviction. J'ai de la conscience, moi, je ne fais jamais les choses à demi : je ne pourrai pas vous montrer la façon dont le doge s'y prenait pour lancer son anneau dans la mer, et c'est excessivement curieux.

Ce disant, il lorgnait avec insistance la bague que j'avais au doigt.

— Qu'à cela ne tienne, répondis-je, cédant à la prière de son regard. Je puis vous prêter ma bague.

Et je la lui tendis.

Mon guide la prit, la passa à son doigt en me

remerciant d'un sourire ravi, puis retournant à son rôle, il acheva son récit et se mit à me mimer un doge épousant la mer.

D'abord il appuya une seconde ses deux mains sur son cœur, puis les étendit ouvertes et frémissantes sur l'Adriatique, dans un serment d'éternelle fidélité. Cela fait, il retira ma bague de son doigt, la baisa longuement et esquissa non sans solennité le geste de la lancer dans les flots...

A ce moment, nous poussâmes, lui un cri de colère, moi un cri de stupéfaction : mon homme avait bel et bien jeté ma bague dans l'Adriatique.

— Maladroit ! lui dis-je.

Et je ne pus pas dire autre chose. Mon guide pleurait, s'arrachait les cheveux, criait sa douleur, m'offrait de vendre toutes les bagues qu'il avait chez lui pour me rembourser le prix de la mienne...

Ce fut moi qui dus le consoler, et je n'y réussis qu'en lui affirmant que j'étais au-dessus de cette perte et que je n'accepterais aucun remboursement.

Or, le lendemain, comme je quittais Venise, le garçon d'hôtel qui m'avait conduit avec mes bagages jusqu'à la gare de départ, me demanda sur un ton bizarre si j'avais été content de mon guide.

Je dressai l'oreille.

— Pourquoi cette question ? lui répondis-je.

— Parce que j'ai cru m'apercevoir qu'il vous manquait quelque chose au doigt, et j'ai pensé que le guide vous avait fait, à vous comme à d'autres, le coup de la bague.

Et en quelques mots il me révéla ce qu'était ce coup. Mon guide qui, je l'ai dit, avait de belles mains, était affligé d'un amour immodéré des bagues ; il lui en fallait à tout prix, et comme cet homme n'avait pas de quoi s'en payer, il avait imaginé la cérémonie du mariage du doge et la supercherie qui la terminait, il empruntait pour le geste final la bague du touriste, jetait à la mer un léger caillou qu'il tenait caché dans le creux de sa main, et le tour était joué.

Vous êtes prévenus : si jamais vous allez à Venise et que vous tombiez sur un guide aux mains blanches ornées de bagues, méfiez-vous du mariage du doge...

Nous filons sur Florence, l'ancienne capitale du grand-duché de Toscane, la capitale, après Turin et jusqu'à 1870, de l'Italie unifiée.

L'aspect du pays est triste ; la note mélancolique et quasi misérable de ses champs de maïs est peu faite pour l'égayer. On sent d'ailleurs un peu partout la gêne, sinon la misère. A l'époque

de mon passage, l'or y était devenu introuvable
et l'argent très rare. C'était le règne du papier-
monnaie et le change y avait atteint un taux
invraisemblable.

Je me figure que ce pays a voulu aller trop vite
dans sa poursuite de la grandeur d'autrefois ;
comme les enfants dont la croissance a été trop
hâtive, il en est resté maladif.

Mais ce sont là des observations qui n'ont rien
à faire dans le récit de mes voyages.

La grandeur d'autrefois ! Entre toutes les villes
célèbres de l'Italie, Florence a connu la gloire ;
elle a eu ses familles puissantes à l'égal des rois,
elle a donné des papes à Rome, des reines à la
France, enfanté le Dante et Michel-Ange. Son
passé revit, superbe encore, dans ses monuments,
ses musées d'une incalculable richesse artistique,
et un entassement de souvenirs historiques tel
qu'il suffirait à illustrer tout un peuple.

Entre autres monuments dont Florence s'énor-
gueillit à bon droit, j'ai visité le tombeau des
Médicis et n'en dirai qu'un mot ; c'est beau comme
l'histoire elle-même.

Et Florence aussi, en son entier, comme dans

ses détails, est belle avec des parties grandioses.
Elle s'étend sur les deux rives de l'Arno, joli
fleuve qui roule ses eaux entre des quais admirables.

Je pars pour Rome.

Rome « la ville-empire qui régna pendant des
siècles de l'Ecosse à la Perse et du Danube au
Sahara, sur cent vingt millions d'hommes; des
victoires sans nombre, mêlées de terribles défaites
dont nulle ne lassa la constance romaine, lui donnèrent le monde connu, moins les bois et les
marais hyperboréens, l'ardente Ethiopie, mère du
Nil Sacré, l'Inde merveilleuse et la Chine à peine
soupçonnée derrière de prodigieuses montagnes.
Des routes de pierre allant droit par monts et par
vaux, avec ponts indestructibles, sillonnaient cet
empire, et toute révolte était brisée par des légions
tôt accourues ; une administration puissante tenait
dans son étau les nations allophones, un réseau
de colonies les latinisait, le fisc les suçait, le
cirque les corrompait, et le théâtre, les bains, les
plaisirs, tout le luxe de la ville insensée et des
autres cités romaines, folles et vaines comme leur
mère...

« En énervant les peuples, Rome s'énervait elle-même : les vices de l'Asie lui tirèrent plus de sang viril que le Carthaginois borgne qui ravagea seize ans l'Italie, plus que le Cantabre « tardivement enchaîné », plus que le Gaulois qui avait égorgé les sénateurs romains dans Rome même.

« Mais, du moins, pendant ses jours de force et de gloire, Rome donna beaucoup de son sang, tout son droit, toute sa langue aux nations appelées d'après elle romanes, latines ou néo-latines : nations qui, sous les noms d'Italiens, Français, Espagnols, Portugais, Romains, possèdent aujourd'hui les plus beaux pays de l'Europe, l'Afrique du Nord, une partie de l'Amérique septentrionale, l'Amérique centrale et l'Amérique du Sud. »

Hier, avant de transcrire ici les notes prises sur place en courant, j'ai voulu me remettre devant les yeux l'image de cette Rome antique qui revit et palpite encore dans la Rome que j'ai visitée. J'ai relu, parmi d'autres morceaux de maîtres, cette page de Reclus que je viens de transcrire et dans laquelle est si magistralement résumée l'histoire de la ville-empire — et je confesse que ces lectures et la grandeur du sujet m'ont fait fortement hésiter au moment d'entamer la transcription de mes impressions.

Que dire encore de Rome après les maîtres?

Est-ce que je ne vais pas avoir l'air d'une fourmi apportant son grain de sable à la construction d'une pyramide d'Égypte ?

Je dirai ce que j'ai vu et éprouvé, simplement et fidèlement.

Arrivé tout prosaïquement dans un de ces chars modernes que nous appelons un wagon, je pris à la gare un de ces innombrables omnibus que les hôtels de la ville y envoient au-devant des voyageurs escomptés.

Je me choisis un hôtel sur la foi de son enseigne, un nom historique flamboyant ; sous pareil pavillon, il me paraissait impossible que je ne fusse pas bien logé, bien nourri et raisonnablement écorché...

Je tiens à déclarer que je n'eus pas à me plaindre de mon choix : j'occupais une belle chambre où j'y étais tous les matins réveillé par le soleil ; je me nourrissais à ma guise, n'ayant que l'embarras du choix entre la cuisine italienne et la cuisine française, l'une et l'autre très convenablement soignées ; quant aux prix, je ne les trouvai point excessifs.

Une heure après mon arrivée à l'hôtel, j'en sortais pour commencer mes courses à travers Rome.

Nulle part je n'ai éprouvé la même fièvre de voir...

Ma première visite fut pour le Vatican et Saint-
Pierre. Pour nous tous catholiques, Rome est
toujours la ville des Papes; nous nous inclinons
avec respect devant le Quirinal de la royauté tem-
porelle, mais notre premier élan est vers le chef
suprême de la chrétienté, notre souverain spiri-
tuel de qui nous reconnaissons l'autorité, sans que
de notre vénération puisse un instant souffrir le
respect que nous devons aux hommes et aux choses
du pouvoir temporel.

Et puis ce palais du Vatican et cette église Saint-
Pierre ont un tel rayonnement, jettent de si nobles
et hautes clartés, même aux yeux du voyageur
sceptique!

Comme dimensions, le palais du Vatican est le
premier palais du monde; il comprend — inutile
de dire que je n'ai pas eu le temps de vérifier ce
chiffre qui est d'ailleurs tenu pour exact — onze
mille chambres, salles, chapelles et autres pièces.
Comme beauté architecturale, très imposant d'ensemble, il a de superbes détails. D'abord la chapelle Sixtine.

Elle date du xvᵉ siècle et porte le nom du pape
qui la fit construire, Sixte IV. Le haut des murs
est orné de fresques représentant des sujets tirés

de l'Évangile et de l'Ancien Testament, fresques dues au pinceau des maîtres florentins de l'époque : Le Perugin, Botticelli, Signorelli, Rosselli, etc. Aux murs de l'autel, le célèbre *Jugement dernier* de Michel-Ange.

Tout le monde connaît cette œuvre immortelle qui eût suffi à placer Michel-Ange à la tête de l'art italien ; mais j'avais moins entendu célébrer le plafond de la chapelle qui est aussi de Michel-Ange et me parut, comme génie de conception et hardiesse d'exécution, peut-être supérieure au *Jugement dernier*. Le maître florentin a peint là les principales scènes de la Création et les débuts de l'histoire du monde, en sorte qu'avec le *Jugement dernier*, nous avons ici le commencement et la fin de tout, présentés avec un art et des couleurs qu'on ne retrouve plus.

De Michel-Ange je passe à Raphaël. Je visite ce qu'on est convenu d'appeler ses *Chambres* et ses *Loges* et qui sont les salles de réception du Vatican, salles ornées de magnifiques fresques du grand artiste. Ces peintures, les meilleures dans l'œuvre de Raphaël, peuvent être mises à côté de celles du plafond et du *Jugement dernier* de Michel-Ange. Elles datent du commencement du xvie siècle, des pontificats de Jules II et de Léon X.

Qu'on me dispense de passer en revue toutes ces salles et leurs admirables peintures, il me faudrait la plume d'un maître ès arts, et je ne suis qu'un touriste.

A côté de ces merveilles et pour les mêmes raisons, je me bornerai également à mentionner ma visite à la galerie de peinture du Vatican et plus tard à la galerie Borghèse, sa rivale, heureuse, disent les connaisseurs... et les guides.

Visité aussi la collection des Antiques; ici, pas de rivalité possible. Les musées du Vatican sont bien les premiers du monde, de ce monde dont j'ai retrouvé là, en spécimens et en souvenirs d'une incomparable richesse, toute l'histoire.

Le Vatican est lui-même un monde; on pourrait y passer plusieurs journées pleines sans rassasier sa curiosité ni sentir faiblir son admiration.

Le pape ne se réserve qu'une infime partie de cet immense palais. J'ai pu pénétrer jusqu'au seuil de ses appartements, regarder par une fenêtre le jardin où il fait sa promenade quotidienne, par une autre, cette place Saint-Pierre que parfois il contemple de là lui-même et d'où son regard auguste peut embrasser la Ville éternelle, cette Rome qui fut la Rome de l'Église et la capitale de ses États!

Les jardins du Vatican sont très beaux, ils ont à la fois la grâce et la grandeur ; c'est bien là le cadre qui convient aux rêveries du saint vieillard dont la pensée commande à l'univers catholique.

Découronné de son pouvoir temporel, le pape a encore sa garde. Je ne saurais dire l'impression que vous produisent ces nobles serviteurs, ces gardes-nobles qui assument la mission de veiller autour de celui qui veille sur tous... Je ne sais pas de rôle plus beau.

Après le palais des papes, l'église de Saint-Pierre.

Un mot de la place Saint-Pierre. Elle est exactement carrée et entourée de colonnades qui, avec leur peuple de statues, sont d'un effet des plus imposants.

Au milieu de la place, l'obélisque d'Héliopolis, à l'érection duquel Caligula présida, mais non au même endroit. L'empereur romain avait fait placer le colosse au Cirque du Vatican ; c'est le pape Sixte-Quint qui le fit transporter et ériger sur la place Saint-Pierre.

Au sujet de cette érection, on m'a raconté, à

Rome, une assez curieuse légende. L'opération, plusieurs fois tentée, avait toujours échoué ; ce n'était pas précisément un jeu d'enfant. Elle fut en dernier recours confiée à un ouvrier de grande réputation, avec ordre de la réussir sous menace de peines sévères, s'il échouait comme les autres.

Fontana — l'histoire a gardé le nom de cet ouvrier — allait cependant échouer à son tour, lorsque, du sein de la foule qui assistait à l'opération, un cri monta :

— De l'eau ! de l'eau !

La femme de Fontana, dit la légende, voyant la cause de son mari perdue, venait de s'évanouir ; un matelot, du nom de Bresca, qui se trouvait à son côté, demandait de l'eau pour la faire revenir à elle...

Or, ce fut ce cri du matelot qui sauva le mari : Fontana, brusquement éclairé sur un point qu'il avait, de même que ses collègues avant lui, négligé d'étudier, se précipita sur l'eau qu'on apportait et en trempa les cordages qui, jusqu'à ce moment, employés à sec, subissaient du fait de la tension un allongement suffisant pour déjouer tous les calculs.

Bienheureux évanouissement ! La femme de Fontana en sortit pour assister au triomphe de son

mari. Lui, le triomphateur, fut comblé d'honneurs ;
quant au matelot qui, sans s'en douter, avait eu
simplement un cri de génie, il reçut de Sixte-Quint
le privilège exclusif de fournir à l'église de Saint-
Pierre toutes les palmes du jour des Rameaux.

Entrons à Saint-Pierre.

La première église de Saint-Pierre a été bâtie à
l'endroit même où s'étendait autrefois le cirque
arrosé du sang des premiers martyrs chrétiens,
dont fut le prince des apôtres ; elle avait reçu et
conservait le cercueil de saint Pierre. C'est dans
cette église que Charlemagne fut sacré empereur
d'Occident, le 25 décembre de l'an 800.

Reconstruite à partir de 1450, on peut dire
qu'elle s'est vu agrandir et embellir jusqu'à la fin
du xviie siècle. Actuellement Saint-Pierre couvre
en surface presque le double de la cathédrale de
Milan, qui est connue pour la plus grande du
monde, après Saint-Pierre, bien entendu.

Je n'ai point à faire la description de l'intérieur
de l'admirable basilique ; la gravure en a popula-
risé les parties principales et l'ensemble.

J'ai fait l'ascension du dôme dont l'élévation
atteint près de cent mètres : c'est de là surtout,

du haut des galeries que l'intérieur de l'église m'apparut dans toute sa majesté.

Je quittai Saint-Pierre avec un regret : j'aurais voulu voir le Pape, le père des chrétiens, officiant dans Saint-Pierre, la mère de toute l'Église... Cette joie ne me fut pas donnée.

... Me voici à la Place du Quirinal. Elle aussi a son obélisque et, en plus, une fontaine au bassin de granit et le groupe colossal des *Dompteurs de chevaux*, un des plus beaux spécimens de l'art antique.

Je suis devant le Palais Royal, autrefois Palais du Quirinal, aujourd'hui et depuis 1870, résidence du roi. C'était là que se réunissaient en conclave les cardinaux pour procéder à l'élection du pape ; ces derniers l'habitaient même au temps des grandes chaleurs. Je note qu'on y respire à pleins poumons et qu'on y a une très belle vue de Rome.

J'ai visité, à gauche du Palais Royal, le palais de la Consulta, siège aujourd'hui du ministère des Affaires étrangères.

Il me fut donné de voir passer le roi Humbert.
Ce qu'on vend à l'étranger pour son portrait trompe
sur le caractère et même sur l'aspect de ce souverain.
Ses grosses moustaches et ses sourcils terribles
lui donnent sur le papier presque l'air d'un ogre;
sa physionomie réelle est plutôt douce et bienveil-
lante. Adoré dans toute l'Italie, le roi Humbert est
très aimé à Rome même où une partie de la population le considère comme un usurpateur; je ne
suis pas éloigné de croire que ses ennemis eux-
mêmes ont pour lui une réelle estime; dans tous
les cas, je vous assure que, acclamé par la foule, il
est respecté de tous sans que la police ait à forcer
les bonnes volontés.

Ces visites faites, ces hommages rendus aux
deux puissances du temps présent, je vais payer
un tribut de curiosité aux grandeurs antiques : le
Palatin, le Forum, le Colisée, les Thermes de Titus
et de Caracalla, le Panthéon, le théâtre de Marcellus,
les Catacombes. J'en passe et j'en omets qui m'ont
longtemps retenus. La ville aux sept collines est
pleine de glorieux souvenirs de son non moins
glorieux passé.

Tout le monde connait le Forum, l'ancienne.

place publique où s'agitèrent les destinées de la
République romaine. J'éprouvai là ce qu'en plus
petit on ressent à la vue d'un lion mort. A certaines heures de l'histoire du monde, un cri parti
de cette place avait son écho dans l'univers connu.
Aujourd'hui, des ruines.

Voici, au Sud, l'ancien mont Palatin, une des
sept collines de Rome. Il n'y a pas bien longtemps,
il était encore la propriété d'une grande et vieille
famille, les Farnèse, qui y entretenaient des jardins
très beaux. Un beau jour, en opérant des fouilles,
on découvrit des palais, un cirque ; on recon-
nut les palais des Césars, et pieusement on les
rendit au jour, pour la plus grande joie des fervents de l'antique et l'admiration des profanes
touristes. Je viens de dire le sentiment que j'en
ai emporté...

Quelques lignes sur le Colisée, œuvre de Vespa-
sien et de Titus. Colisée est une corruption du mot
latin qui signifie : colosse. Un colosse, en effet, ce
théâtre qui pouvait contenir plus de quatre-vingt
mille spectateurs et où l'on représentait des com-
bats de vaisseaux ! Il n'est pas, par le monde entier,

d'édifice qui puisse lui être comparé. Ce n'est pas grand, c'est formidable, écrasant.

Les Thermes de Titus occupent l'ancien emplacement d'une villa qui appartenait à Mécène et que Néron fit sienne. Je n'ai fait là qu'une observation, mais elle me semble avoir son prix : il y a une différence notable entre l'air extérieur et celui qu'on respire en visitant ces ruines; il y règne une fraîcheur dont la sensation n'est certainement pas due aux suggestions du cadre...

Ce fut un dimanche que j'allai visiter le Panthéon. On m'avait dit que, ce jour-là, je pourrais voir, rassemblés au pied du monument, de curieux spécimens de paysans romains et de montagnards aux jambes enveloppées de bandelettes de toile. J'ai retrouvé parmi ces hommes quelques têtes rappelant assez fidèlement le type de l'ancien romain.

Le Panthéon est une vaste rotonde bien conservée. Les parties principales du monument, les murs, la voûte et la colonnade ont été à peine touchés. Les ornements d'autrefois et notamment les statues qui décoraient le toit ou occupaient des niches ont disparu.

Le jour descend dans l'intérieur par la coupole,

ce qui donne de curieux effets de lumière. Certains guides racontent que ce nom de Panthéon — Pantheum, pour les Romains — venait de là, de la ressemblance du monument ainsi éclairé, avec la voûte céleste. Je crois qu'il vaut mieux s'en tenir à l'étymologie exacte : Pantheum, tous les dieux, le monument où Rome conservait l'image de ses divinités, celles d'en haut comme ses héros d'en bas, César comme Mars.

Le Capitole !

Ici, on éprouve le besoin de se découvrir. Nous sommes devant le berceau de Rome. C'est là, dit l'histoire, que Romulus, son fondateur, ouvrit cet asile destiné à donner une population à sa ville.

La place du Capitole, j'entends la place actuelle, date du xvie siècle. Il paraît qu'elle fut dessinée par Michel-Ange.

J'ai remarqué au milieu de cette place une très belle statue équestre de Marc-Aurèle.

Alentour, trois palais à visiter : le palais sénatorial, de la fin du xive siècle, avec un perron de Michel-Ange ; le palais des conservateurs (Conseil municipal) et le musée du Capitole, dont les collections sont fort riches en chefs d'œuvre.

On ne saurait parler du Capitole sans rappeler

la fameuse Roche Tarpéienne. On m'a montré
l'endroit, et franchement la chose ne m'a rien dit.
Mon guide n'avait pas l'air convaincu du tout.
Entendons-nous : on ne saurait nier que la Roche
Tarpéienne ait existé, et le Capitole étant là, la
Roche ne saurait être loin, mais l'endroit qu'on
nous montre paraît si peu designé pour l'opération
à laquelle elle était destinée, un condamné à mort
précipité de cet endroit serait si sûr de s'en tirer
sans grand mal, qu'on préfère chercher ailleurs. Il
est vrai qu'après tant de siècles, le terrain a dû
changer d'aspect.

En suivant, un jour, la Voie Appienne, je me suis
arrêté au tombeau de Cecilia Metella, que la gravure a fait connaître à tout le monde. C'est un
souvenir de l'antique qui ne m'a pas autrement
ravi. Je voudrais bien qu'on m'expliquât pourquoi
ce monument est couronné de têtes de taureaux.

Nous sommes ici hors de Rome et nous arrivons
aux catacombes.

Sur la foi des guides, on s'attend à voir une des
principales curiosités de Rome. Je n'ai pas regretté
ma visite, mais il m'est arrivé de mieux employer
mes pas. J'ai parcouru des galeries qui n'en finis-

sent plus de s'allonger, j'ai vu et tâté des murs
humides percés de casiers superposés parallèle-
ment... N'étaient leur immense étendue et les
souvenirs qu'elles rappellent, les catacombes ne
vaudraient certainement pas leur réputation de
curiosité.

Les catacombes les plus importantes sont celles
de Saint-Calixte, car il y en a plusieurs, une cinquantaine environ, qui s'étendent tout autour de
Rome comme une ceinture souterraine.

Une promenade qui m'a infiniment plu, c'est
celle que j'ai faite au Pincio. On a de là une vue
admirable ; on y assiste à l'entrée du Tibre dans la
ville éternelle et on y suit son cours sinueux, dont
chaque courbe pourrait être marquée d'un grand
nom : ici, le fleuve contourne le Vatican ; là, il se
détourne de la ligne droite pour lécher le pied du
Capitole ; plus loin, il va, avant de quitter Rome,
saluer le mont Aventin.

J'ai parlé plus haut de la Voie Appienne. Il me
faut dire quelques mots du célèbre Corso, la rue
principale de Rome. C'est l'ancienne Voie Fiami-
nienne qui conduisait au Capitole.

Le Corso est très animé. Il est d'ailleurs coupé

d'une infinité de petites rues et, pour ainsi dire,
d'affluents qui y déversent leur population.

Après le Corso, je dois une mention à la Via
Nationale qui traverse le nouveau quartier de la
gare et va jusqu'à la place de Venise.

Je m'aperçois que, sauf la page consacrée à
l'église de Saint-Pierre, je n'ai encore rien dit des
églises de Rome. Elles sont sans nombre, toutes
fort belles, la plupart historiques. Mais pour en
parler comme il convient, il me faudrait tout un
volume. Je les cite de mémoire, au moins les principales : Saint-Jean-de-Latran, « *omnium urbis et
orbis ecclesiarum mater et caput* » la mère et la
tête de toutes les églises de Rome et de l'Univers ;
Sainte-Marie-Majeure ou Notre-Dame des Neiges,
la plus grande des églises sous l'invocation de la
Vierge, de là son nom de Majeure ; Saint-Paul-
Hors-les-Murs ; Saint-Augustin ; Sainte-Marie-des-
Anges ; Sainte-Croix-de-Jérusalem ; Sainte-Marie-
d'Aracœli, l'église du Capitole ; Saint-Pierre-aux-
Liens ; Sainte-Marie-au-Transtevère...

A propos du Transtevère (au delà du Tibre), je

m'en voudrais de ne rien dire de ce quartier de
Rome qui occupe l'ancien Janicule.

C'est le quartier des ouvriers, le quartier peuple,
si je puis m'exprimer ainsi. Ses habitants, les
hommes comme les femmes, ont une réputation de
fière beauté qui n'est pas usurpée. Les femmes sont
réellement fort belles et d'une incontestable pureté
de lignes ; les hommes ont gardé beaucoup du type
antique. Je ne suis pas éloigné de souscrire à cette
orgueilleuse conviction des Transtévérins : ils se
targuent d'avoir gardé, pur de tout mélange, le
vieux sang romain.

Je ne saurais clore ce chapitre sans avoir payé un
tribut à la campagne de Rome.

Je viens de revoir le tableau qu'elle m'a laissé
dans les yeux ; j'ai relu cette page de Chateaubriand :

« Souvent les vallées dans la campagne romaine
prennent la forme d'un cirque, d'une arène, d'un
hippodrome ; les coteaux sont taillés en terrasses,
comme si la main puissante des Romains avait
remué toute cette terre.

« Une vapeur particulière, répandue dans les
lointains, arrondit les objets et dissimule ce qu'ils
pouvaient avoir de dur ou de heurté dans leurs

formes. Les ombres ne sont jamais lourdes et noires ; il n'y a pas de masses si obscures de rochers et de feuillages dans lesquelles il ne s'insinue toujours un peu de lumière. Une teinte singulièrement harmonieuse marie la terre, le ciel et les eaux : toutes les surfaces, au moyen d'une gradation insensible de couleurs, s'unissent par leurs extrémités, sans qu'on puisse déterminer le point où une nuance finit et où l'autre commence.

« Vous avez sans doute admiré dans les paysages de Claude Lorrain cette lumière qui semble idéale et plus belle que nature ? Eh bien ! c'est la lumière de Rome. »

Après cette page adorable et si vraie de l'auteur des *Martyrs*, je me demande où je trouverais l'audace de tenter la moindre description de cette belle campagne de Rome.

Il me reste pourtant à noter un point qui n'est pas touché dans ce tableau du maître français : c'est la rencontre à chaque pas de ruines superbes qui font de cette campagne le vrai paradis des archéologues et offrent à l'historien une mine inépuisable de documents et de souvenirs.

C'est le Latium, l'antique Latium, d'abord étroite plaine qu'empoisonnait la *malaria* et qui,

4.

peu à peu, par ses conquêtes sur les Sabins, sur les Étrusques et sur les Volsques, s'étend jusqu'à englober toute l'Italie, en attendant qu'il devienne le maître du monde connu.

J'ai visité toute cette campagne romaine, depuis les environs de Rome et les riches villas Borghèse, Patuzi, etc., jusqu'aux monts Volsques. Je m'empresse de déclarer que je n'ai pas rencontré le moindre brigand. Il y en a peut-être encore, mais j'imagine qu'ils doivent se reposer, dans l'ombre, de tant d'attaques à main armée que leur ont fait exécuter des voyageurs plus amoureux du pittoresque que de la vérité.

J'ai gravi les Monts Albains, et me suis miré dans le lac de Némi qui a pour lit un ancien cratère :

> Le beau lac de Némi qu'aucun souffle ne ride,

comme a écrit Lamartine dans son gracieux et si touchant poème de *Graziella*.

Sur le versant de ces monts, deux jolies petites villes, Albano et Frascati, toutes les deux très fréquentées par les touristes. Comme séjour d'été, Frascati a une vogue énorme. C'est en hiver que je l'ai visité. J'y ai vu des villas qui, certainement, doivent être ravissantes en été. Une de ces villas occupe sans doute la place du « Tusculanum » cette villa que Cicéron a immortalisée; la ville est en effet bâtie sur l'ancien Tusculum de Télémaque, patrie de Caton l'Ancien.

Albano jouit d'une vogue analogue. Elle est bâtie sur les ruines de la villa Pompée. Le vin d'Albano, réputé depuis l'antiquité, m'a paru bien conservé pour un vieillard d'un si grand âge !

De là, j'ai poussé aux monts Sabins et visité Tivoli, l'antique Tibur, le séjour de prédilection d'Auguste, de Mécène et des grandes familles de l'époque impériale. On m'a montré là, dans l'église Saint-Georges, l'endroit où la Sibylle rendait ses oracles. Cette vieille église aurait été bâtie sur les ruines du temple de Tiburce ou de la Sibylle. A l'heure actuelle et depuis longtemps, la Sibylle se tait. C'est bien dommage pour le commerce de Tivoli !

J'ai fait les deux excursions de Coré et Segué dans les monts Volsques. Le paysage est très beau et d'un pittoresque achevé. Il n'y manque, je le répète, que les brigands. Tout s'en va.

Quelques points rapides dans les villes étrusques, Veji, Galera, Bracciano, Cervetu; une visite à Porto (l'ancien port de Trajan) ; une autre à Ostie, et j'en ai fini avec mes courses hors de Rome.

Je rentre dans la capitale de l'Italie pour lui faire mes adieux.

Je me résume.

La vieille ville, l'ancienne Rome m'a émerveillé ; j'ai éprouvé à la visiter une admiration sans bornes et quelque chose d'une émotion filiale...

La Rome moderne, la nouvelle ville m'a laissé plutôt froid, je dirai même déçu. Toutes ces constructions nouvelles, fiévreusement poussées, dans une hâte de faire grand qui ne s'explique pas sur ce sol entre tous immortel, m'ont gâté Rome. J'aurais voulu qu'on respectât ces vieux quartiers pour la plupart abattus maintenant, qu'on ne touchât pas à une histoire qui n'est pas seulement celle de Rome, mais aussi celle du monde. J'aurais voulu enfin que Rome restât Rome, la capitale des capitales, — au lieu de mettre son amour-propre à devenir la ville moderne, une agglomération de maisons et d'édifices qui ne sauraient avoir de considérable que leur masse.

Pour moi, pour nous, pour tous ceux qui aiment le beau, Rome était un temple : quel besoin d'en faire une usine comme Londres ou un grand bazar comme d'autres capitales?

Je voudrais, pour finir, dire quelques mots de l'armée italienne, dont j'ai vu circuler par les rues de Rome les plus beaux spécimens : garde royale, artillerie, génie, bersaglieri.

Rome m'a paru entretenir une bien grosse garnison ; on m'a parlé de sept régiments d'infanterie, deux brigades d'artillerie, un régiment de cavalerie, une brigade du génie, un régiment de bersaglieri, sans compter les carabiniers-gendarmes.

Les bersaglieri, qui correspondent aux chasseurs français, constituent une troupe d'élite agréable à voir et qui m'a semblé bien entraînée. L'uniforme bleu foncé, sans ornements inutiles, est bien et il est pratique. Je n'aime pas la coiffure : ce grand chapeau à plumes, que les hommes se campent sur l'oreille, m'a eu l'air un peu mousquetaire, un peu théâtral. A l'armée, ce qui n'est que décoratif ne saurait être utile.

La vue des carabiniers-gendarmes m'a rappelé tout d'abord quelques airs d'opérette... Il n'est pas d'institution qui ait été aussi ridiculisée que ces braves carabiniers, dont la spécialité était d'arriver toujours trop tard ; je ne sais que les gendarmes fran-

çais, les pandores, pour rivaliser avec eux sur ce point
du ridicule. Et cependant, ces carabiniers, comme
les gendarmes français, sont de braves gens, et
même de beaux soldats, remplissant ponctuelle-
ment une tâche entre toutes ingrate et rendant mo-
destement les plus grands services à leur pays...

Plus loin, au cours de mon voyage que je reprends, j'aurai l'occasion de parler de la marine
italienne...

Je termine là un premier séjour à Rome, mais
depuis j'ai revu la ville aux sept collines et j'espère
la revoir encore.

Naples

Nous filons sur Naples.

La ligne ou plutôt le pays qu'elle traverse m'a
paru pauvre et triste.

Je note, d'ailleurs, au passage, de beaux sites,
des paysages d'un pittoresque achevé, des montagnes suffisamment boisées ; de ci de là, au flanc
des collines, des villages, des bourgs, des petites
villes.

Brusquement, au sommet d'une montagne, une grande lueur rouge apparaît : c'est le Vésuve.

Nous arrivons à Naples.

Naples, l'ancienne Parthénope, cette merveille dont la seule vue est un délice qui explique et justifie ce cri de l'âme italienne : voir Naples et puis mourir !

Voulez-vous me permettre, impuissant que je serais à vous le faire goûter comme il convient, de vous présenter ce tableau brossé par un maître? Je détache à votre intention les lignes qui suivent de l'œuvre de l'illustre académicien français, H. Taine ; cette page est datée du mois de février et elle fait suite à d'autres pages sur Rome :

« C'est un autre climat, un autre ciel, presque un autre monde. Ce matin, en approchant du port, quand l'espace s'est élargi et que l'horizon s'est découvert, je n'ai plus vu tout d'un coup que des blancheurs et des splendeurs. Dans le lointain, sous la brume qui couvrait la mer, les montagnes s'étageaient et s'allongeaient, lumineuses et satinées comme des nuages. La mer s'avançait à grandes ondes blanchissantes, et le soleil, versant son fleuve de flammes, faisait comme une traînée de métal fondu jusqu'à la plage.

J'ai passé une demi-journée sur la Villa-Réale ;

c'est une promenade plantée de chênes et d'arbustes toujours verts, et qui longe la côte. Quelques jeunes arbres, transpercés par la lumière, ouvrent leurs petites feuilles tendres et épanouissent déjà leurs fleurettes jaunes. Des statues, des beaux jeunes gens nus, Europe sur le taureau, penchent leurs corps de marbre blanc entre le vert léger des plantes. Des flaques de clarté viennent s'étaler sur les gazons, des herbes grimpantes s'entrelacent autour des colonnes; çà et là éclate la pourpre vive des fleurs nouvelles, et les calices délicats, veloutés, tremblent sous la brise tiède qui arrive entre les troncs des chênes. L'air et la mer sont bienfaisants; quel contraste, si l'on se rappelle les côtes de l'Océan, nos falaises de Normandie et de Gascogne, battues par les vents, flagellées par la pluie, où les arbres rabougris se cachent dans les creux, où les ajoncs, le gazon rasé, se collent misérablement contre les pentes! Ici le voisinage des flots nourrit les plantes; on sent la fraîcheur et la douceur du souffle qui vient les caresser et les ouvrir. On s'oublie, on écoute le petit bruit des feuilles qui chuchotent, on regarde leurs ombres qui remuent sur le sable. Cependant, à six pas, la mer roule avec un bourdonnement profond, à mesure que ses nappes écumeuses viennent s'amincir et s'arrondir sur le sable. La brume s'évapore sous le soleil ; entre les feuillages, on aperçoit le Vésuve et ses voisins, toute la chaîne des monts qui se dégagent. Ils sont d'un violet pâle, et, à mesure que le jour baisse, ce violet devient plus tendre. A la fin, la plus fine teinte de mauve, une corolle de fleur est moins charmante ; le ciel s'est épuré, et la mer calmée n'est plus qu'azur.

Impossible de rendre ce spectacle. Lord Byron a bien raison : on ne peut pas mettre de niveau les beautés des arts et celles de la nature. Un tableau reste toujours au-dessous et un paysage toujours au-dessus de l'idée qu'on s'en peut faire. Cela est beau, je ne sais pas dire autre chose, cela est grand et cela est doux ; cela fait plaisir à tout l'homme, cœur et sens ; il n'y a rien de plus voluptueux et il n'y a rien de plus noble. Comment se donner l'embarras de travailler et de produire quand on a cela devant les yeux ? Ce n'est pas la peine d'avoir une maison bien ordonnée, de construire laborieusement ces vastes machines qu'on appelle une construction ou une église, de chercher des jouissances de vanité ou de luxe : on n'a qu'à regarder, à se laisser vivre ; on a toute la fleur de la vie avec un regard.

J'étais assis sur un banc ; je voyais le soir ga-

gner, les teintes s'effacer, et il me semblait que
j'étais dans les Champs-Élysées des anciens poètes.
Les formes élégantes des arbres se dessinaient
dans l'azur clair. Les platanes dépouillés, les
chênes nus, eux-mêmes, semblaient sourire. La
sérénité délicieuse du ciel, rayé par le fin treillis
de leurs branches, se communiquait à eux. Ils ne
paraissaient point morts ou engourdis comme chez
nous, mais assoupis, et, sous l'attouchement de cet
air tiède, prêts à entr'ouvrir leurs bourgeons, à
confier leurs pousses au printemps voisin. Çà et
là une étoile s'allumait, la lune commençait à
verser sa lumière blanche. Les statues, plus
blanches encore, semblaient vivantes dans cet
aimable jour mystérieux et nocturne. Des groupes
de jeunes femmes dont les robes ondulaient légè--
rement avançaient sans bruit, comme des ombres
heureuses. Il me semblait que j'assistais à l'antique vie grecque, que je comprenais la finesse de
leurs sensations, que l'harmonie de ces formes
effilées et de ces teintes effacées suffirait à m'occuper toujours, que je n'avais plus besoin de co-
loris ni de splendeur. J'entendais réciter les vers
d'Aristophane; je revoyais son jeune athlète, chaste
et beau, content, pour tout plaisir, de se promener,
une couronne sur la tête, parmi les peupliers et

les smilax en fleur, avec un sage ami de son âge.
Naples est une colonie grecque, et, plus on regarde, plus on sent que le goût et l'esprit d'un
peuple prennent la forme de son paysage et de son
climat.

Vers huit heures il n'y avait plus un souffle de
vent. Le ciel semblait de lapis-lazuli; la lune,
comme une reine immaculée, luisait seule au milieu de l'azur; son ondée tremblait sur la grande
eau, et paraissait un fleuve de lait. Il n'y a pas de
mot pour exprimer la grâce et la douceur des montagnes enveloppées dans leur dernière teinte, dans
le vague violet de leur robe nocturne. Le môle, la
forêt des barques, par leur noirceur profonde, les
rendaient encore plus charmantes, et Chiaja, vers
la droite, arrondissant autour du golfe sa ceinture
de maisons illuminées, lui faisait une guirlande de
flammes.

De toutes parts, les fanaux brillent; les gens, en
plein air, causent haut, rient et mangent. Ce ciel à
lui seul est une fête. »

Un peu d'histoire, voulez-vous? Nous serons
mieux préparés à bien voir ; et puis, il est à peu
près impossible de ne pas parler du passé.

J'ai dit que Naples s'était primitivement appelée

Parthénope, du nom d'une sirène phénicienne. Son nom actuel est grec ou plutôt vient de celui que lui donnèrent ses véritables *fondateurs*, les Grecs : *Neapolis*, la ville neuve. Avant Neapolis, les Grecs avaient fondé à côté une autre cité, Palœopolis, la ville vieille : Naples est le résultat de la réunion des deux.

Naples connut les grandeurs, les gloires, la fortune et la décadence de sa mère la grande Grèce ; elle brilla, comme pas une ville de l'antiquité, par les richesses, par les sciences, par les arts ; elle fut incomparablement belle et elle l'est restée.

Les Romains la considéraient comme une sorte de paradis terrestre, mais un paradis païen où le vice surtout avait des autels fréquentés.

Les Barbares ne laissèrent debout presque rien de la belle cité grecque que les Romains s'étaient encore appliqués à embellir.

Reconstruite et agrandie au cours des siècles, c'est sous la domination espagnole, jusqu'à la fin du xviie siècle, et, à partir de cette époque, sous le règne des Bourbons, que Naples s'est réellement développée et enrichie. Elle doit la plupart de ses beautés actuelles à cette dynastie, dont la chute, en 1860, n'a pas d'ailleurs clos l'ère des embellissements.

A l'heure actuelle, Naples est un véritable enchantement.

Ce n'est pas qu'elle n'ait ses verrues, la belle Naples, ses rues étroites et sales, ses coins misérables, mais cela ne compte plus, toute laideur disparaît ou s'atténue sous la féerie éclatante de l'ensemble.

Ma première visite fut pour le Vésuve. A tout seigneur, tout honneur.

Je fis l'ascension à cheval jusqu'à la lave de 1858. De là, je voyais se dérouler à mes pieds, en un splendide panorama, Naples, sa campagne et son golfe...

Une heure après, je déjeunais à l'Hermitage. Restauré, je visitai l'Observatoire et j'eus, du haut de sa terrasse, le plus beau spectacle qu'il m'ait été de ma vie donné de contempler : ce même panorama dont je parlais à l'instant, mais agrandi, élargi et plus splendide encore, si possible.

Reprenant mon ascension, à pied maintenant, j'arrivai au pied du cône que couronne le cratère et, péniblement, je tentai l'escalade de ce dernier...

J'y parvins, et après m'être convenablement grisé de l'examen du monstre, j'écoutai mon guide me réciter une des dernières grandes éruptions.

J'ai retrouvé depuis ce récit dans un ouvrage de Palmieri sur la conflagration vésuvienne du 26 avril 1872. Le voici en résumé :

« Cette épouvantable éruption dura plusieurs jours et fut une véritable scène d'horreur; y périrent environ 50 curieux, parmi lesquels 8 étudiants en médecine, qui furent surpris pendant la nuit, à l'improviste, dans l'*Atrium du cheval*, par une forte colonne de fumée et par le feu, qui sortit tout à coup, comme un torrent, par une fente d'environ 300 mètres de largeur, qui s'était ouverte de ce côté-là, de haut en bas du cône, et qui combla, en 3 heures, le *fosso della Vetrana*, d'une longueur de 1,300 mètres sur 800 mètres de largeur. De Naples on voyait le ciel obscurci par une épaisse fumée enflammée, qui se reflétait dans la mer. Il s'était formé deux grands cratères qui vomissaient du feu et des éclairs, d'où étaient lancées à environ 1,300 mètres de hauteur, des pierres, de la cendre, des lapilles et des matières enflammées, qui répandaient la terreur dans les villes environnantes, en détruisant de fertiles campagnes, des maisons de plaisance et des habitations rurales, et endommageant même quelques édifices de *San Sebastiano*. On entendait de Naples de fortes détonations, qui ressemblaient au grondement du

canon pendant l'attaque d'une forteresse. Plus de
40,000 personnes abandonnèrent la ville de Naples,
terrorisées par cet horrible spectacle et par une
pluie de cendre minérale qui couvrit les rues de
la ville, jusqu'à une épaisseur de 5 centimètres et
dont on ne pouvait que très imparfaitement se ga-
rantir à l'aide des parapluies ; tandis que des trem-
blements de terre continuels, mais heureusement
très légers, ébranlaient le sol et inspiraient d'autres
craintes. Les habitants des villages de *San Sebastiano*, de *Somma*, de *San Giorgio a Cremano*, de
Résina et de *Portici* déménagèrent tous, et ces
villes, restées désertes, furent placées sous la garde
d'un cordon de troupes : une longue traînée de
charrettes transportaient les effets des fuyards. Les
habitants épouvantés se dirigèrent vers Naples en
emportant tout ce qu'ils avaient de plus précieux ;
plus de 4,000 furent hébergés dans le vaste édifice
des *Granili*, d'autres erraient par les rues de
Naples avec leurs pacotilles, à la recherche d'un
abri. C'était une de ces scènes d'horreur, décrites
par Bulwer, dans son livre : *Les derniers jours de
Pompéï.* »

La première éruption eut lieu en l'an 79 de
notre ère ; on sait qu'elle détruisit Herculanum,
Pompéï et Stabies.

Vous ne me pardonneriez pas de ne rien vous dire de ces villes qu'on a rendues au jour après plus de seize siècles d'ensevelissement.

D'abord Herculanum. Les éruptions successives l'avaient recouverte d'une couche de vingt-cinq mètres d'épaisseur. C'est à cette profondeur qu'il faut descendre pour visiter ce qu'on a retrouvé de la ville d'Hercule : le théâtre, très vaste, pouvant, me dit mon guide, contenir dix mille personnes ; le temple, très vaste également, avec un beau portique décoré de fresques et orné de statues ; la Villa d'Aristide ; la Maison d'Argus ; la Maison des Génies, celle de la Fontaine.

Les fouilles qu'on a pratiquées ont fait découvrir, avec ces monuments et ces édifices, une foule de morceaux d'art, groupes, statues, bustes, qui sont allés enrichir les musées...

Visitons Pompéi.

On sait l'histoire de cette ville célèbre, qui, avant l'éruption de l'an 79, avait été en partie ruinée, seize ans auparavant, par un tremblement de terre et avait trouvé le moyen de redevenir la belle Pompéi dont nous allons admirer les restes.

Pour le récit de son ensevelissement, permettez que je vous renvoie à vos études classiques, à la fameuse lettre de Pline le Jeune à Tacite, lettre dans laquelle le neveu du grand naturaliste raconte le cataclysme et la mort de son oncle qui y périt.

Par les murailles restées debout autour de Pompéï, on doit conclure que la ville était fortifiée, défendue par un double rempart et des tours. Une des portes, celle d'Herculanum, est assez bien conservée.

Les rues sont droites, mais étroites ; elles sont pourvues de trottoirs et de fontaines publiques ; leur chaussée est pavée en lave.

Les maisons ont deux étages ; leur intérieur est toujours richement décoré de mosaïques et de peintures, mais les pièces sont exiguës et nous paraîtraient aujourd'hui bien insuffisantes.

J'ai visité le musée, le temple de Vénus, ceux de Mercure, de Jupiter, de Vesta, ce dernier appelé aussi le temple d'Auguste ou le Panthéon. J'ai vu les Thermes, les salles de bains, bains froids et bains tièdes ; un four public, précédé de moulins à bras ; la villa de Cicéron ; la maison de Castor et Pollux ; celles d'Apollon, d'Adonis, du Faune ; une foule de tombeaux illustres ; le théâtre, il y en a deux, le grand et le petit.

Une réflexion vous vient naturellement au sortir

de ces visites où l'on est forcé de convenir que les anciens connurent la vie civilisée jusque dans ses raffinements. On se demande :

— Est-ce que, à part quelques grandes découvertes scientifiques, nous avons réellement appris quelque chose, fait un progrès depuis le commencement de notre ère ?

Laissons là le passé et ses ruines.

La plus belle partie de Naples moderne c'est la Mergellina et la Riviera di Chiaia, le quartier aristocratique. Les rues sont larges, bordées de belles maisons et de riches hôtels particuliers ; le soir, elles sont sillonnées d'élégants équipages.

Après la Mergellina, où j'avais retrouvé quelque chose de la vie de Bruxelles et de Paris, je poussai jusqu'au Pausilippe. Le site est exquis. C'est l'ancien promontoire aujourd'hui peuplé de maisons de campagne, de palais, d'hôtels, de restaurants très modernes.

Mon guide me fit traverser le souterrain du Pausilippe au bout duquel je me trouvai dans la campagne, à quelques pas de la mer, le long de laquelle court la route qui mène à Baïa et à Pouzzoles.

Baïa, ou Baïes, qui fut grande sous les Romains

et tomba avec eux, n'est plus aujourd'hui qu'un
pauvre village, très pauvre et très triste. J'en dirai
autant de Pouzzoles, l'ancienne ville grecque, qui,
tombée au pouvoir des Romains, prit la tête du
commerce de l'Italie. Aujourd'hui, de toute cette
grandeur, il ne reste plus que des ruines.

En passant, je suis entré saluer, dans la cathédrale de Saint-Procules, le tombeau de Pergolèse,
l'auteur du fameux *Stabat Mater* et de tant de chants
religieux justement célèbres.

J'ai poursuivi ma course jusqu'au lac d'Averne,
ce lac que les anciens considéraient comme mas-
quant de ses eaux l'entrée des enfers ou mieux
comme cette entrée même. Si mes souvenirs classiques ne me trompent pas, c'est par ce lac qu'Enée
dut descendre aux enfers. Mon guide me fit pénétrer dans une galerie qui conduit à la porte de
l'enfer. Cette porte, aujourd'hui, c'est tout simplement une chambre qui n'a rien que d'ordinaire.

Tandis que nous sommes sur le rivage, laissez-
moi rappeler encore quelques points qui me sont
restés dans la mémoire :

Misène, de nos jours un simple village au pied du
cap ; j'ai fait l'ascension de ce dernier pour jouir

du point de vue qui est vraiment saisissant : c'est toujours et à perte de vue le divin golfe, mais étoilé de ces jolies îles qui ont nom Capri, Nisida, Procida et Ischia ;

Cumes, la première des fondations grecques et la mère de Naples, Cumes la ville de la Sibylle ; il ne reste plus de la puissante cité que quelques pans des murs qui la gardaient ;

Portici, délicieux séjour d'été, très fréquenté par l'aristocratie napolitaine ;

Castellamare... Ici nous sommes en pleine vie. Nous marchons encore sur des ruines, celles de l'ancienne Stabies, qui fut ensevelie avec Pompéi et Herculanum, mais la ville qui a été bâtie sur ces ruines est pleine de charmes et de mouvement.

Castellamare a des eaux minérales très réputées ; on me dit que ces eaux étaient déjà connues des anciens...

> Sur la plage sonore où la mer de Sorrente
> Déroule ses flots bleus au pied de l'oranger...

Nous y voici sur cette plage sonore chantée par Lamartine, et je m'empresse de déclarer que le poète de *Graziella* n'a prêté à Sorrente aucune beauté qui ne soit réelle. Les jardins d'orangers sont magnifiques et la plage est délicieuse, d'ailleurs une des plus courues des baigneurs en été.

Je me suis retrouvé là avec un ami de Belgique qui faisait son voyage de noces. Le jeune couple nageait en pleine ivresse, deux fois heureux, de son bonheur intime et du cadre vraiment divin où il le savourait.

De Sorrente, nous nous fîmes conduire en bateau à l'île de Capri, où nous visitâmes la fameuse grotte Azurée, ainsi nommée parce que tout y paraît d'azur.

Je ne rentrerai point à Naples sans vous dire un mot du tombeau de Virgile. Je m'attendais à voir un monument; on me fit pénétrer dans une chambre dont les murs sont percés de niches. Dans chaque niche reposent les cendres de quelque personnage. L'une d'elles est décorée de l'inscription suivante :

> Qui cineris? Tumuli hœc vestigia conditur olim
> Ille hic qui cecinit pascua, rura, duces.

Il paraît que cette épitaphe désigne clairement Virgile, le chantre des pâturages, des champs et des capitaines—*pascua, rura, duces.* La chose n'est pas douteuse, cette épitaphe étant probablement

de composition moderne; mais ce qui est contes-
table, c'est la présence des cendres de Virgile dans
la niche, où dort au moins son immortel souvenir.

Encore un mot, une dernière observation sur les
environs de Naples, et celle-là a bien son prix; il
n'y a plus de lazzaroni autour de Naples ! Ils ont
disparu, comme les brigands de la campagne
romaine; ils se sont faits pêcheurs pour la plupart,
ou portefaix, commissionnaires, etc. C'est, du
moins, ce que mon guide m'affirme. Mais la men-
dicité ne chôme pas pour cela; seulement elle
s'exerce sous des formes moins écœurantes.

Ainsi les plongeurs qui vous demandent de jeter
dans le golfe une pièce blanche qu'ils descendent
chercher et rapportent au bout des dents. Après
tout, c'est un spectacle qu'ils vous offrent et qu'ils
ont le droit de vous faire payer.

J'ai vu un facchino — c'est le nom donné au
portefaix napolitain — qui se fait de petites rentes
avec l'industrie que je viens de citer. Il a deux
gamins de fils qu'il a dressés à ce métier de plon-
geur et qui excellent à tenter votre curiosité. Il n'y
a pas d'exemple qu'ils n'aient rapporté la pièce
blanche jetée pour eux dans l'eau bleue du golfe.

— Seulement, me fait observer mon guide qui ne
déteste pas la grosse plaisanterie, le père perdrait

beaucoup de temps à surveiller les deux gamins,
qui ont toutes les ruses imaginables pour s'appro-
prier personnellement l'argent qu'ils vont chercher
dans le sable de la mer. Il s'aperçoit de leurs petites
fraudes à la diminution de la recette, et il lui
arrive parfois d'être obligé de leur administrer un
purgatif.

Une fort attrayante curiosité, c'est le Musée
national. Je crois avoir dit qu'on avait transporté
là le plus grand nombre des morceaux d'art provenant des fouilles de Pompéi, d'Herculanum et
des autres cités historiques. Cela est exact et vous
donne une idée de la richesse de ce musée, qui,
outre le produit des fouilles, a recueilli de précieuses collections artistiques, notamment une collection Farnèse.

Ce Musée est très vaste ; il dépasse en dimensions
celui du Vatican.

J'ai déjà confessé, à propos d'autres visites ana-
logues, mon incompétence en pareille matière. Je
vois, je sens ce qui est beau ; je me rends parfaitement compte de ce qui fait la beauté de telle
œuvre, de ce qui manque à telle autre, mais de là
à jouer au critique d'art, il y a un grand pas que
je ne me permettrai point de faire.

Je me bornerai à citer les morceaux qui m'ont le plus frappé; ils sont, d'ailleurs, universellement célèbres :

Parmi les statues et les groupes, un *Narcisse*, gracieux, charmant ; le *Faune dansant*, admirable d'allure ; l'*Hercule* Farnèse ; le groupe du *Taureau;* une *Psyché;* un buste colossal de Jules César ; celui de Cicéron, avec, au visage, le petit pois d'où est tiré ce nom de Cicéron ; l'*Homme au Sanglier*, etc., etc.

Dans la masse des tableaux — il y a un millier de numéros — les Léonard de Vinci, les Corrège, les Raphaël, la *Danaé* du Titien, une foule d'œuvres curieuses provenant des fouilles et qu'on pourrait qualifier de tableaux d'illustration de l'histoire.

A citer encore, les bronzes, les marbres, les terres cuites; la salle des papyrus; des vases en or et en argent; des camées; la collection des médailles et monnaies, la plus riche du monde...

Naples possède environ cinq cents églises ou couvents.

J'ai visité la cathédrale de Saint-Janvier, l'église de Sainte-Claire, au clocher roman; San Lorenzo Maggiore; Santa Maria della Pietra; Santa Chiara; San Gennaro...

Une chose m'a surtout frappé dans toutes ces églises, c'est le décor. Je n'entends pas par là la décoration ordinaire des murs ou des voûtes, les peintures ou les marbres et les boiseries, mais celle qui accompagne le culte lui-même, la façon, par exemple, dont sont habillés les Vierges et les Enfants Jésus : c'est le costume du jour ; la Sainte Vierge a plutôt l'air d'une belle dame que de la mère de Dieu, et l'Enfant Jésus ressemble à un joli bambino qui ne demande qu'à sourire et à jouer.

Avec cela, un peu partout, des scènes de la Passion ou de l'Ancien Testament représentées par des personnages grandeur nature, avec le concours d'accessoires qui vous donnent l'illusion de la vie. Tel, à Santa Maria della Pietra, ce Christ qu'on vous montre sous une crypte : on le dirait mort d'une heure...

Il m'a semblé que j'étais là plus près du théâtre que de l'église, de la représentation que du culte. Mais on doit tenir compte du caractère et des usages d'un pays pour bien le juger dans ses manifestations. Pour aller au cœur des Napolitains, il faut se préoccuper de frapper leur imagination.

J'ai visité le Palais-Royal de Capodimonte ; c'est aujourd'hui un musée, d'ailleurs très riche. Il est entouré d'un parc superbe dans lequel j'ai fait une délicieuse promenade.

Visité aussi, en détail, la Chartreuse de San Martino, qui mériterait un chapitre spécial.

J'emprunte les lignes qui suivent à un ouvrage d'un auteur italien, Tufari :

« Placée dans une position enchanteresse sur le devant du château Sainte-Elme, elle fut fondée en 1325 par Charles, l'illustre duc de Calabre, fils de Robert d'Anjou, roi de Naples, sur l'emplacement d'une maison de plaisance des anciens rois ; après sa mort, elle fut continuée par son père, et achevée par sa fille, Jeanne Ire de Naples. De son ancienne église et du couvent, il ne reste plus rien. Tout ce que l'on voit aujourd'hui appartient au XVIIe siècle et est dû surtout à l'énergie de *Saverio Turboli*, prieur des religieux de l'ordre de *S. Bruno*, qui y dépensa des trésors. L'extérieur, vu de Naples, a l'apparence d'un château crénelé ; c'est une des plus belles Chartreuses de l'Italie pour les chefs-d'œuvre de sculpture et de peinture qu'elle renferme, et qui sont dus à *Ribera*, à *Guido Reni*, à *Stanzioni*, au *Domenichino*, à *Caracci*, à *Luca Giordano*, à *Fanzaga*, à *Vaccaro* et à d'autres artistes célèbres de ces temps-là.

En 1800, le cloître fut occupé par les Français
qui en chassèrent les religieux. Ceux-ci y rentrè-
rent en 1804, mais ils en furent bientôt chassés de
nouveau par ces mêmes Français qui le transfor-
mèrent en hospice pour les invalides. Ce n'est
qu'en 1836 que les religieux en reprirent possession. En 1866, par suite de la suppression des
ordres religieux en Italie, le couvent devint propriété de l'Etat. Le gouvernement, pour conserver
un monument de cette importance, en confia le
soin à la direction du Musée National de Naples,
qui y fonda un petit Musée d'objets ayant rapport, pour la plupart, à l'histoire de Naples. »

Dans la première cour, vient, à gauche, l'entrée
de l'église, à laquelle on arrive par un autre chemin. Dans le petit cloître qui suit, sont placées tout
autour des armoiries et des inscriptions en marbre ;
vis-à-vis, sous un arc, qui donne sur une superbe
terrasse, est une longue barque, qui servit au
débarquement de Charles III, lors de son arrivée à
Naples, en 1735 ; dans la salle à droite, grande voiture dorée, avec peintures de *Solimena*, dont se
servait, sous les Bourbons, le maire de Naples pour
se rendre en forme publique, le jour de l'an, accom-
pagné des conseillers municipaux, auprès du roi,

pour le complimenter et lui rendre hommage. Les
quatorze drapeaux suspendus autour de la salle
étaient des étendards religieux du xviie siècle avec
symboles de la Vierge, portés en procession par le
peuple, lors de la peste qui désola Naples en 1656;
ils ont été restaurés en 1773. Les vieux fauteuils
appartenaient au Décurionat de la ville. Les
fresques de la salle, par *De Matteis*, représentent
S. Brunone chassant les possédés.

A la suite, dans deux belles salles de construction récente, sont déposées les tapisseries données
par la noble famille d'Avalos et qui formaient la
tente de François Ier, quand il fut fait prisonnier
par le vaillant F. d'Avalos, à la bataille de Pavie,
en 1525.

La Chartreuse a aussi son musée et son cloître,
et un belvédère du haut duquel la vue de Naples est
admirable.

Comme Rome, Naples a ses catacombes. Je les
mentionne, sans m'y arrêter. Je préfère, dans le
même ordre d'idées, parler du Composanto, le cimetière de Naples. Il mérite d'être vu. C'est un immense jardin soigneusement entretenu et dans
lequel s'élève une ville de tombes dont les monu-

ments de familles et les chapelles seraient les
églises et les cathédrales.

Pour ne pas finir sur cette note triste, je parlerai
encore d'une des fêtes populaires de Naples, la fête
de Piedigrotta, à laquelle j'ai assisté. Elle date du
xviiie siècle seulement. Autrefois fête militaire en
raison de son origine — elle avait été instituée
pour célébrer une victoire remportée sur les Autri-
chiens — elle est aujourd'hui purement civile et
essentiellement populaire.

On peut évaluer à plus de cent mille le chiffre
des personnes qui y prennent part et viennent
en chantant, pour la plupart revêtues de costumes
carnavalesques, visiter le sanctuaire de la Vierge
de Piedigrotta.

Tout autour de l'église et sur une assez vaste
étendue, la fête est transformée en foire où l'on
vend surtout des fruits.

La journée se termine généralement par une
noce des plus animées. C'est là qu'il faut voir le
peuple de Naples pour le juger tel qu'il est : ardent
au plaisir et s'en grisant vite au point d'oublier, en
une heure, de longs mois de misère.

Je pars pour Gênes.

Gênes

Je me suis un peu attardé à Rome, puis à Naples. Me voici presque obligé de brûler Livourne, beau port de commerce sur la mer Ligurienne.

Est-ce que la beauté et l'importance d'Anvers m'aurait gâté? Livourne m'a paru d'une importance assez inférieure.

J'ai tenu à visiter La Spezzia, port et arsenal de guerre, et à voir cette marine militaire dont j'ai promis plus haut de parler.

Depuis son unification, l'Italie a fourni un formidable effort pour se doter d'une marine qui réponde à sa très louable ambition de devenir une puissance de première ligne. Elle n'a perdu ni cet effort ni les dépenses qu'elle s'est imposées. Sa flotte de guerre est certainement, par le nombre et par l'importance de ses unités de combat, une des premières du monde.

Il ne reste qu'à l'éprouver, et je ne souhaite pas que l'heure de cette épreuve sonne de si tôt...

Nous voici à Gênes, la rivale souvent heureuse de Venise, Gênes la superbe, comme on l'appelle encore en Italie.

Ah ! le passé de Gênes ! Il fut assez glorieux pour
illustrer toute la botte italienne. Gênes fut la reine
de la Méditerranée, et elle fit la loi sur combien
d'autres mers ! Maîtresse des îles grecques et de la
Crimée, elle fut célèbre et redoutée sur tous les
rivages de l'Orient.

N'est-ce pas à Gênes que nous devons l'Amérique avec Christophe Colomb qui la découvrit? Je
sais bien que Florence réclame pour son fils Améric
Vespuce qui a donné son nom au nouveau continent et qu'on n'est pas bien sûr que Christophe
Colomb soit né à Gênes, mais la puissance maritime de cette deuxième cité au xv° siècle et la tradition le plus généralement acceptée, encouragent
fort cette croyance. On pourrait presque dire que
si Colomb n'était pas Génois, Gênes eût mérité de
lui donner le jour.

Comme Venise, Gênes a eu son aristocratie très
fière, très jalouse de ses prérogatives et de la grandeur de sa cité. J'ai revu les palais de marbre
qu'elle s'y était bâtis en amphithéâtre et d'où elle
pouvait à l'aise surveiller la mer et compter ses
navires. Cela nous laisse encore une impression de
magnificence qui nous suit longtemps, et la beauté
du port ne fait qu'ajouter à cette impression.

J'ai visité, entre autres monuments, la principale église de Gênes, la basilique historique. On m'y montra une chapelle dont l'accès est interdit aux femmes : seule la Reine peut y pénétrer.

Le mouvement d'émigration qui, chaque année, emporte vers le Nouveau-Monde des milliers d'Italiens, a son point de départ au port de Gênes.

Si l'on ne savait pas la pauvreté qui sévit sur certains points de l'Italie, on ne comprendrait jamais ces émigrations, surtout à regarder Gênes et toute cette jolie cité.

C'est à regret que je la quitte moi-même ; et pourtant, je vais vers la France ; c'est Nice qui m'attend et tout cet adorable littoral où l'on ne se lasse jamais de revenir !

NICE ET MONACO

6

Nice

Nice la belle n'est pas seulement la capitale du
printemps éternel; c'est bel et bien une ville historique.

Avant d'y arriver, j'ai consciencieusement lu et
relu mon guide, me faisant un devoir de ne rien
ignorer des origines et du passé de ce lieu de délices.

Nice est, me dit mon guide, de fondation phénicienne; mais son nom de baptême provient du
grec Νίκη, qui signifie victoire.

Chose singulière, Nice, qui n'a fait retour à la
France qu'en 1860, fut l'occasion de la première
intervention des Romains dans les affaires de la
Gaule, environ cent cinquante ans avant notre ère !

Depuis 1860, Nice a considérablement bénéficié
de ce retour à la patrie première; elle s'est déve-

loppée à tous les points de vue et elle a atteint le degré de charme et de beauté qui, de tous les points de l'Europe, y attire les étrangers et les y retient.

Étudions la ville actuelle avant de nous engager dans la revue de ses séductions.

Nice est assise à l'extrémité nord de la jolie baie des Anges. Un torrent, *le Paillon*, la divise en plusieurs parties qui ont chacune leur caractère. C'est surtout la ville moderne qui nous intéresse : elle s'étend sur la rive droite du torrent, tout le long de la Méditerranée.

C'est là que se trouve la Nice véritable, le quartier d'hiver du cosmopolitisme, avec son casino, son théâtre, ses concerts, toute la vie de fêtes et de plaisirs ; là aussi, la jetée où l'on respire si agréablement les brises marines ; la promenade des Anglais, rendez-vous des équipages, celle du Château, très curieux point de vue, enfin les quais et la belle avenue qui conduit à la gare.

Une chose me manqua à Nice, du moins à cette première visite, car je l'ai renouvelée et j'ai pu satisfaire ma curiosité : le spectacle de son carnaval si vanté.

Ces fêtes du carnaval niçois constituent une des

plus grandes attractions de la saison. Elles m'ont
paru bien organisées et très soignées au point de
vue de l'effet.

Le défilé de Sa Majesté Carnaval et de son cor-
tège, des masques et des chars m'a infiniment
amusé, et j'ai pris part à la bataille de confetti et
à celle de fleurs; la première a une allure plutôt
populaire, la seconde a un cachet plus relevé; même
en ses moments où l'animation se corse et tourne
à l'ardeur passionnée, cette bataille ne cesse pas
d'être gracieuse au possible.

J'ai assisté également à un veglione et au jeu des
manoletti : ce sont de petites bougies allumées
qu'on porte à la main ; le jeu consiste à en éteindre
le plus possible chez ses voisins.

Tout cela nous paraît enfantin ; mais là-bas, sous
ce ciel enchanté, dans l'excitation du bien-être et
du plaisir, le moindre petit jeu devient une grande
affaire.

Nice a une très belle église, Notre-Dame, et un
musée assez curieux à visiter.

Son jardin public, qui s'étend jusqu'à la mer,
est très fréquenté. J'y ai assisté, sous de magnifiques palmiers, à un concert dont j'ai gardé un
très agréable souvenir.

On fait, d'ailleurs, beaucoup de musique et de bonne musique à Nice. Les représentations données à l'Opéra sont très suivies, et je m'empresse de dire qu'elles méritent de l'être. La troupe d'opéra, composée d'artistes di primo cartello, comme on dit en Italie, forme un ensemble de premier ordre.

Si vous le voulez, nous allons sortir de Nice et suivre la foule des excursionnistes qui roule sur Villefranche par la route de Monaco.

Villefranche ne m'a pas ravi. Des travaux de défense, un fort, un arsenal, un ancien bagne, que cela vous jette donc une note assombrissante dans ce délicieux pays !

Je préfère Beaulieu, un site entre tous bien nommé, Beaulieu et ses forêts d'oliviers et ses coquettes villas. Sur la hauteur du promontoire au bout duquel dort paresseusement Beaulieu, on m'a montré la villa Salisbury, villégiature du Premier Anglais. C'est ainsi, vous le savez, qu'on désigne le premier ministre en Angleterre. Sur le rivage s'élèvent d'autres villas qui sont toutes autant de délicieuses résidences d'hiver.

Voici la route de la Corniche... Je l'avais déjà suivie, pour venir de Gênes ; j'ai éprouvé le besoin de la suivre de nouveau en touriste.

J'ai eu de là un inoubliable spectacle : à la fois la Méditerranée et les Alpes et, entre les deux, un pays adorable.

Là-bas, sur son rocher que baigne la mer bleue, j'aperçois Monaco, et l'aspect en est trop tentant pour que je tarde davantage d'y pousser une pointe.

Vous savez l'étendue de cette principauté minuscule tout entière enclavée dans le canton français de Menton ? Trois kilomètres et demi de long sur une largeur maxima de un kilomètre, laquelle est sur certains points réduite à moins de deux cents mètres. La population n'atteint pas quatre mille habitants. Une vraie miniature de principauté.

J'ai eu la bonne fortune de voir passer à Monaco les souverains de ce territoire bijou, L. L. A. A. le prince et la princesse. Je ne connaissais du prince que sa grande réputation d'affabilité et aussi sa passion studieuse de voyages en mer et ses remarquables travaux scientifiques qui ont fait de ce souverain le collègue plus qu'apprécié des savants chercheurs du monde entier. J'avais une véritable admiration pour son caractère : ce prince mené par la préoccupation de faire œuvre utile, de laisser après lui, mieux qu'une couronne, un bagage dont bénéficieront la science et l'humanité, m'avait toujours paru un personnage de haute marque dans l'histoire de cette fin de siècle.

La vue du prince Albert a peut-être ajouté encore à ce sentiment. Je ne sais que notre roi dont la physionomie et les manières puissent ainsi vous conquérir tout de suite. Le prince passait en voiture, ayant à son côté la princesse : sur leur chemin, ce n'était qu'acclamations enthousiastes, auxquelles je mêlai les miennes.

Le prince est très aimé et la princesse est l'objet d'un véritable culte.

La visite du palais vaut largement qu'on la fasse. J'en parle aujourd'hui, à la suite d'un autre voyage à Monaco, car on ne peut visiter le palais qu'en l'absence de ses hôtes princiers. La cour d'honneur est décorée d'un escalier de marbre blanc d'un royal effet. Les appartements sont ornés de peintures et d'objets d'art dont la plupart valent d'être célèbres.

J'ai parcouru les jardins : ils m'ont rappelé Babylone et ses jardins suspendus.

A deux kilomètres de là sont les terrasses de Monte-Carlo et cette merveille, les jardins du Casino.

Le train nous avait amenés jusqu'au pied de ces terrasses féeriques ; un ascenseur nous prit et nous déposa là-haut, en pleine féerie.

On a dit et écrit beaucoup de mal sur le Casino de Monaco, et ses salles de jeux. Elles sont très belles, ces salles, et décorées de peintures très remarquables dues au pinceau de quelques maîtres de l'école française contemporaine; c'est aussi un français, M. Charles Garnier, qui a construit une de ces salles. Je le répète, elles sont très belles; quant à leur destination, quant à la roulette et au trente et quarante, permettez-moi de vous faire ce petit aveu.

Je me suis assis à une table de roulette, j'ai même fait connaissance avec le trente et quarante. Mon Dieu, oui! j'ai joué. Bien plus, j'ai gagné. Mon séjour à Monte-Carlo ne m'a rien coûté, je suis même reparti avec un bénéfice de vingt louis. Tout le monde ne se ruine pas à Monte-Carlo. On me montra dans la salle des Fêtes une personne qui passe pour avoir gagné là le million. Je dois dire que cette personne ne joue plus.

Maintenant n'allez pas croire que je veuille vous pousser à tenter la chance : celui-là seul gagne à coup sûr qui ne joue jamais. Mais aller à Monte-Carlo sans jouer, c'est comme si vous visitiez

Paris sans passer une soirée à la Comédie-Française !

Je ne sais rien de plus haïssable que le vice, si ce n'est l'hypocrisie.

Je rentre à Nice.

Une surprise bien agréable m'y attend.

Ces jours derniers, comme j'assistais sur la promenade des Anglais au défilé des voitures et des grands équipages, ma pensée s'en est allée vers Farandole.

Vous ne connaissez pas Farandole ?

C'est juste, j'ai omis jusqu'ici de vous la présenter. Je répare. Farandole, c'est un petit cheval tarbais, haut comme ça, vif comme la poudre, rapide comme l'éclair et doux comme un agnelet. Il accourt à l'appel de son nom, me reconnaît après des mois de séparation, mange dans ma main comme un oiseau et me suit comme un bon chien.

J'ai écrit à mes gens que Farandole me manque, Farandole et la charette anglaise que j'ai fait faire pour lui, à sa taille.

Et Farandole et la charette me sont arrivés à Nice, et c'est dans cette voiture, enlevée par ma vaillante petite bête, que je vais poursuivre mon voyage, vers Marseille et la Provence.

En route, Farandole!

Une bien jolie ville que Cannes, et une agréable station d'hiver, rendez-vous des souverains et des souveraines de toute l'Europe.

Ici l'amphithéâtre des montagnes, là le golfe de la Napoule, la Méditerranée d'où émergent les îles de Lérins, et partout des jardins, des arbres verts, des fleurs...

J'ai fait une courte excursion aux îles Lérins et parcouru la principale, Sainte-Marguerite. Tout le monde la visite, celle-là; c'est l'île historique. A quelques siècles de distance, deux hommes l'ont habitée, un peu malgré eux, qui auront tenu quelque place dans l'histoire de leur temps. Voici le fort où fut enfermé « l'homme au masque de fer », ce prétendu frère de Louis XIV sur les origines duquel nul ne peut se vanter de savoir exactement la vérité; c'est encore là qu'au mois de décembre 1873 l'ex-maréchal Bazaine fut enfermé. L'homme de Metz y resta moins longtemps que « l'homme au masque de fer » : au mois d'août de l'année suivante, il s'évada.

A propos de Bazaine, une phrase sonore me revient, la dernière de la plaidoirie de M⁰ Lachaud, qui fut le défenseur de Bazaine « : Là où notre justice dresse un échafaud, souvent la postérité élève une statue... »

L'échafaud ne fut pas dressé, mais la statue ne viendra pas.

Ayant vu Cannes, je ne pouvais me dispenser de voir Hyères, la mère des stations d'hiver de la côte méditerranéenne...

Et toujours des jardins, des orangers, des oliviers, des palmiers, des lauriers-roses. Mon guide me dit que l'un des produits les plus remarquables d'Hyères, ce sont les fraises, mais c'est Paris, l'ogre de France, qui les accapare.

Hyères est divisée en deux, la vieille ville accrochée au flanc de la colline, et la ville neuve au bas de cette colline. Cette dernière partie est franchement aimable et jolie.

J'ai fait une visite aux Salins d'Hyères et poussé jusqu'à la rade, où j'ai vu évoluer l'escadre française de Toulon.

Superbe spectacle! La marine française est bien à la hauteur de sa vieille réputation. Quelle grâce et à la fois quelle majesté! Comme on sent bien la force sûre d'elle-même!

J'ai vu le groupe des petites îles d'Hyères, les

anciennes îles d'Or — et je suis parti pour Saint-Raphaël en suivant la côte d'Azur.

Saluons en passant les monts Esterel aux bois de chênes-liège et de pins. Ils sont d'une belle altitude et Farandole, avec qui j'en ai fait l'ascension, en sait quelque chose.

Voici le golfe de Fréjus, et ce petit port, c'est Saint-Raphaël.

Petit port, mais qui a son nom dans l'histoire : Napoléon Ier l'a illustré deux fois, la première en y débarquant à son retour d'Égypte, la seconde en s'y embarquant pour l'île d'Elbe.

Comme Cannes, comme Hyères, Saint-Raphaël est certainement une fort agréable station d'hiver. C'est toujours la même division qu'ailleurs, l'ancienne ville et la ville d'hiver, l'une quelconque, l'autre coquette et bien attifée, comme une hôtesse qui attend des visites.

Je me rends à Toulon. Mon guide dit : « Principal port militaire de France après celui de Brest, place forte de première classe, dans un beau site, sur une baie profonde et sûre de la Méditerranée, fermée par une presqu'île et entourée de montagnes couvertes de forts détachés. »

Un désir m'est venu. J'ai vu, dans la rade d'Hyères,

évoluer l'escadre ; ici je voudrais visiter un de ces
beaux vaisseaux dont j'ai là-bas admiré les mouvements.

J'ai eu cette satisfaction, comme celle de visiter
aussi l'arsenal, ce qui n'est pas précisément commode. Les autorités m'ont paru faire bonne garde
et il faut montrer patte blanche.

Faut-il vous parler de la Camargue? On m'avait
recommandé de voir cette grande île que le Rhône
à son embouchure enserre de ses deux bras. On
m'avait dit que la chose était pittoresque.

Je l'ai trouvée triste, d'un autre âge, d'une autre
civilisation. Figurez-vous un point resté presque
sauvage dans ce Midi de la France si vivant, si
audacieux dans sa marche en avant. — Au fait,
c'est peut-être là le curieux de la Camargue.

Nous sommes à Marseille, la troisième ville de
France, son premier port marchand. A la bonne
heure ! Je retrouve ici cette activité commerciale
que j'ai tant admirée en Angleterre.

Vous savez l'histoire de Marseille, colonie phocéenne, rivale heureuse de Carthage qu'elle battit
sur mer, mère de Nice et de presque toutes les cités

échelonnées le long de la côte de la Méditerranée.

Marseille ne m'a pas paru seulement une ville de premier ordre au point de vue marine et commerce, mais aussi une belle ville. Elle est bien bâtie, elle a de magnifiques boulevards, elle a surtout la Cannebière.

La Cannebière !

Je ne voudrais pas, pour quelques jours agréables passés à Marseille, laisser croire que j'en ai emporté ce mal de l'hyperbole, cette fièvre de l'exagération qu'on a tant reprochés aux Marseillais d'entretenir en eux. Je ne voudrais pas davantage qu'on pût me taxer d'ingratitude et m'accuser de blaguer à mon tour — pardonnez-moi l'expression, elle s'impose — sur le dos de mes hôtes d'hier. Je tiens donc à déclarer que je pense sérieusement ce que j'écris de la Cannebière :

Paris n'a pas de boulevard qui lui soit supérieur, et si, comme moi, on tient compte du pittoresque, c'est la Cannebière qui l'emportera. Du mouvement, des établissements d'une grande richesse d'installation, toute l'élégance de Marseille sous vos yeux, et au bout le port, une forêt de mâts où flottent les couleurs de tous les pays...

J'ai aussi admiré la Bourse, avec son portique

monumental abritant de fort belles statues de Marseille et de la France. Les bas-reliefs sont très remarquables.

Un autre monument dont Marseille a le droit d'être fière, c'est sa cathédrale de Sainte-Marie-Majeure, vaste, imposante et richement décorée. — Sur la place, se dresse une statue en bronze de Mgr de Belzunce, cet évêque qui montra un si admirable dévouement aux jours terribles de la peste de 1720.

J'ai fort vanté les quais et les docks de Londres; leur souvenir ne saurait me dispenser de trouver très beaux ceux de la Joliette et de le dire. Il peut se faire que les Marseillais cultivent l'exagération en parlant d'eux et de leur ville, et que ce côté de leur caractère leur nuise auprès de nous qui sommes plutôt portés à une froide réserve; mais, il faut leur rendre cette justice, c'est qu'ils sont dans l'exacte vérité quand ils célèbrent le commerce de Marseille et ses grands organes.

Aussi bien, la vieille cité phocéenne, devenue l'un des joyaux de la France, ne se refuse rien. Elle a un arc-de-triomphe, au centre de la place de La Joliette : « A la République, Marseille reconnaissante. » Elle a un musée des Beaux-Arts, un jardin zoologique; elle a son Prado, une splendide avenue de plus de deux kilomètres ; enfin, elle a un pèlerinage, Notre-Dame de la Garde.

L'église est perchée sur une colline où je suis arrivé par un ascenseur. Elle date du moyen âge, mais elle a été restaurée ou plutôt reconstruite ; actuellement, c'est un superbe édifice surmonté d'un clocher de quarante-cinq mètres au haut duquel plane une statue de la Vierge.

Je dois encore mentionner le palais de Longchamp, qui jouit d'une réputation méritée.

De Marseille, je me rends à Aix.

L'ancienne capitale de la Provence a beaucoup perdu de son ancienne splendeur, mais c'est encore une ville de moyenne importance et qui ne manque pas de beauté.

Vous savez que son nom lui vient de ses eaux thermales déjà connues du temps des Romains, qui s'étaient établis là dès le début de leur immixtion dans les affaires de la Gaule. Ils avaient baptisé la ville *Aquæ Sextiæ*, les eaux de Sextius, ce dernier nom donné aux eaux par un hommage rendu au consul Sextius Calvinus, qui fut le véritable fondateur de la colonie romaine d'Aix.

Au xve siècle, sous le bon roi René (René d'Anjou, duc de Lorraine, roi de Naples et comte de

Provence), Aix, capitale du comté, fut la ville des lettres par excellence, la capitale du beau parler provençal.

Je dis beau parler, et il paraît, en effet, que cette langue est très riche et très belle. Je ne saurais me prononcer là-dessus.

Il reste quelques monuments qui datent de cette époque de splendeur : le clocher de l'église Saint-Jean-de-Malte, les nefs et le portail de la cathédrale Saint-Sauveur.

J'ai visité l'établissement thermal. La seule partie vraiment intéressante de cet établissement, aux yeux d'un touriste, c'est ce qu'on a pu conserver des anciens thermes romains, et c'est peu de chose.

Je file sur Avignon.

Avignon, l'ancienne ville des papes, leur résidence pendant les deux premiers tiers du XIVᵉ siècle.

Ici l'intérêt grandit; l'histoire apparaît à chaque pas...

Par exemple, quelque chose qui n'est pas du domaine historique, qui, du moins, est encore bien de nos jours et dont je fus fort incommodé, c'est ce maudit vent de Provence, ce terrible mistral avec lequel je fis connaissance sur la route d'Aix à Avignon. Mon bon petit Farandole, qui n'avait pas la moindre idée d'un vent pareil, ne savait plus s'il devait avancer ou reculer.

Mon guide m'avait prévenu : banni de la Provence, le mistral n'en soufflerait que plus fort à Avignon.

Je retrouve dans mon guide un vieux dicton dont l'expression latine indique l'âge vénérable : « *Avenio ventosa, cum vento fastidiosa, sine vento venenosa.* » Je traduis : « Avignon est venteuse, ennuyeuse par le vent et sans vent pestilentielle. » J'ai constaté, en effet, que le mistral y soufflait et d'une façon fort gênante, mais je ne me suis pas aperçu le moins du monde que le troisième terme du dicton fût exact.

Avignon a gardé les remparts et les tours dont la fortifièrent les papes, aussi le château qu'habitèrent ces derniers. Quelques guides citent ce château comme un palais : il me fit plutôt l'effet d'une forteresse d'aspect peu engageant.

La cathédrale d'Avignon ne manque pas de majesté. J'ai vu à l'intérieur le fameux tombeau de Jean XXII, qui devait être en effet un admirable monument avant les mutilations qu'il a subies.

Arrivé à Valence, je me sépare de Farandole. Il

vient de fournir des traites de soixante-quinze
kilomètres par jour et il ne demande qu'à aller
encore; mais je vais m'arrêter à Lyon, gagner la
Suisse, et on ne visite pas la Suisse, comme je veux
la voir, en charrette anglaise.

Deux mots de Valence. L'ancienne ville romaine
n'a de curieux que sa cathédrale du xie siècle, église
romane bien restaurée. A noter dans le chœur le
tombeau d'un pape, Pie VI (il mourut à Valence
où il avait été exilé), avec un buste en marbre dû
au ciseau du grand Canova.

Me voici à Lyon, la première ville de France,
Paris mis à part bien entendu.

Toujours soucieux de présenter convenablement
mon sujet, je vais donner en quelques lignes, le
passé historique de l'ancienne capitale du Lyonnais.

La fondation de Lyon remonte à l'an 560 avant
notre ère; elle est due aux Grecs. Conquise par
les Romains, elle devint, sous le nom de Lugdunum,
la capitale de la Gaule Celtique. Nous retrouve-
rons plus loin le souvenir des Romains.

De tout temps Lyon a été une ville commerçante
et industrielle. Réunie au royaume de France, elle

acquit, au XIVe siècle, une importance qui, depuis, n'a fait que croître. Il faut dire que sa situation a beaucoup contribué à ce développement ; assise au confluent d'une grande rivière, la Saône, et d'un beau fleuve, le Rhône, elle est à la fois la tête et le centre des beaux pays qu'arrosent ces deux cours d'eau. Elle est, en outre, le berceau de l'une des plus grandes industries françaises, l'industrie de la soie qui, à elle seule, suffirait à enrichir une contrée.

A propos de la Saône et du Rhône, je m'empresse de saluer les beaux quais de Lyon ; ils datent, je crois, de 1860, et furent élevés à la suite d'une inondation qui mit toute la ville en danger.

Je reviens à la soie.

J'ai visité, au premier étage du palais de la Bourse et du Commerce, le musée historique des tissus, qui m'a émerveillé. C'est là que j'ai été initié aux mystères de l'industrie lyonnaise et que j'ai pu considérer et admirer à l'aise la beauté de ses produits. J'y ai vu, distribués dans une vingtaine de salles, comme autant de pages de l'histoire de cette industrie, des spécimens de tissus de toutes les époques avec les métiers qui ont servi à les tisser. La salle consacrée à notre époque est splendide.

Me tromperais-je ou aurais-je oublié de voir ? Je ne me suis pas aperçu qu'on ait élevé de statue à Jacquard, le mécanicien à qui Lyon doit l'instrument de sa supériorité industrielle, le vrai métier à tisser.

Je préférerais que cette remarque ne fût pas fondée.

Savez-vous pour combien Lyon fabrique annuellement d'articles de l'industrie qui a fait sa fortune et, le mot n'est pas trop gros, sa célébrité ? De quatre à cinq cents millions.

J'y ai pourtant entendu dire que ce chiffre baissait et se plaindre de la concurrence étrangère. Par son voisinage qui lui permet d'attirer chez elle les bons ouvriers lyonnais, grâce aussi à des circonstances d'ordre économique qui lui assurent des avantages réels sur le prix des matières premières, la Suisse semble devoir devenir dangereuse pour l'industrie lyonnaise.

Pour bien voir Lyon, pour juger la grande cité d'un coup, il faut monter à Notre-Dame de Fourvières, église votive de construction récente, qui est pour Lyon ce que Notre-Dame de la Garde est pour Marseille.

Du haut de l'édifice, la vue, quand le temps le permet, est magnifique. J'y arrivai par un ciel clair et je pus jouir de toutes les beautés du panorama : toute la ville à nos pieds, la Saône et le Rhône, traversés d'une vingtaine de ponts et, à perte de vue, un cirque de montagnes qui s'appellent les Alpes et le Mont-Blanc, les Cévennes et les monts d'Auvergne !

Les principaux monuments de Lyon — je les ai tous visités — sont la cathédrale de Saint-Jean, du XVIIe siècle ; l'Hôtel de Ville du XVIIe ; le Palais des Arts avec ses importants musées ; le Palais de la Bourse et du Commerce, dont j'ai déjà parlé à propos du Musée des tissus.

La place Bellecour m'a beaucoup plu ; elle est décorée, en son milieu, d'une statue équestre de Louis XIV en costume d'empereur romain. Je crois avoir vu la même statue à Paris, sur la place des Victoires.

On m'a montré sur la place des Terreaux l'endroit où Richelieu fit décapiter, en 1642, le chevalier Cinq-Mars et son ami de Thou.

Comme théâtre j'ai vu le Grand-Théâtre et les Célestins, reflet non sans charmes des scènes parisiennes.

Enfin, je dois une mention spéciale à la promenade du Parc de la Tête d'Or. Comme le Bois de Boulogne, qui a probablement servi de modèle à ses créateurs, ce parc a son lac qui ne le cède en rien à celui de Paris. Autre ressemblance : le Bois de Boulogne a le Jardin d'acclimatation ; le Parc de la Tête d'Or a le Jardin zoologique et botanique.

Ici, je prends congé de la France que je me promets de revoir bientôt.

J'emporte de mon passage, car je n'ai fait que passer, des impressions qui ne s'effaceront pas. J'y suis entré par cette porte fleurie de Nice ; j'ai pesé Marseille et je l'ai trouvée admirable de vie et d'activité ; à Lyon, ma dernière station, j'ai eu le spectacle d'une superbe ruche ; partout j'ai constaté la grâce dans la force et une puissance de vitalité qui explique le rapide relèvement de la grande meurtrie de 1870.

SUISSE

Je suis arrivé par Genève.

On s'y croirait encore en France et, à vrai dire, très attachée à la confédération helvétique depuis 1814, Genève a tous les caractères de la ville française.

Vous l'avouerai-je?

Ma première préoccupation, après celle de me procurer un hôtel ayant une belle vue, — je descendis à l'hôtel des Bergues qui m'a revu plusieurs fois et dont je ne puis faire que des éloges — ma première préoccupation, dis-je, fut de courir au lac, la seconde d'en faire le tour en bicyclette, ce qui n'était pour moi qu'une façon de le bien voir. Inutile de vous dire que je m'y repris à plusieurs fois.

Il est immense, en effet, ce lac Léman ou de

Genève, quatre-vingts kilomètres de long sur douze
de large — vous pouvez calculer ce que représente
son tour. C'est une vraie mer intérieure avec une
véritable flotte de bateaux à vapeur et de bateaux à
voiles. A Marseille, où l'on s'amuse volontiers de
ce qui n'est pas marseillais, j'ai entendu émettre
une vieille plaisanterie qui consiste à vanter la
marine suisse... Que voulez-vous que je vous dise?
La flotte de Genève serait certainement impuissante
à défendre un port quelconque et même incapable
de supporter un voyage d'explorat on ; mais pour
les services qu'elle est appelée à rendre et par la
façon dont elle les rend, elle vaut certainement
mieux que ce qu'en pensent les aimables ironistes.

Je ne vous apprendrai rien en vous disant que
Genève est bâtie à l'endroit même où le Rhône sort
du lac qu'il a traversé dans toute son étendue. Le
fleuve, très beau, tout bleu, traverse également la
ville qu'il partage en deux ; il est lui-même traversé
de ponts élégants, dont l'un au moins, le pont du
Mont-Blanc, est un monument magnifique.

A propos de monuments, qu'on me permette de
ne donner qu'une revue très rapide de ceux de
Genève : l'attraction principale n'est pas là et je
confesse que ma curiosité est entraînée ailleurs.

J'ai vu, à Genève, dans une île du Rhône, une petite île qui porte le nom du philosophe, une statue de Jean-Jacques Rousseau, très remarquable comme exécution, signée d'ailleurs du nom d'un maître : Pradier. Je me suis rappelé à temps que l'auteur de *l'Émile* était né à Genève.

Autre monument consacré à un homme qui, sans être né à Genève, avait adopté la Suisse et la fit, à sa mort, son héritière : le duc de Brunswick. L'héritage représentait, me dit-on, une vingtaine de millions ; franchement, cela valait la peine d'ériger quelque chose au testateur.

La Cathédrale, l'Hôtel-de-Ville, l'Université, l'Athénée, les divers musées, n'offrent, au point de vue architectural, rien de bien remarquable.

Je me suis arrêté quelques instants devant le monument national, beau groupe en bronze symbolisant l'entrée de Genève dans la confédération helvétique.

Ici, en Suisse, tout ce qui a trait à la patrie, tout ce qui a pour but de la célébrer, est l'objet d'une vénération profonde. La religion du sol natal est toujours la qualité maîtresse des Suisses, qui en ont, d'ailleurs, beaucoup d'autres. Sans aller plus

loin, j'ai à cœur de déclarer que les Suisses m'ont
beaucoup plu. Ce brave petit peuple que son passé
fait de droit sympathique, m'a paru mériter encore
autant que jamais les sympathies de tous. Je l'ai
trouvé honnête, laborieux, amoureux de son berceau, jaloux de son indépendance.

A propos d'une qualité quasi historique chez les
Suisses, je veux parler de leur fidélité comme serviteurs, je peux fournir mon document. Je me suis
choisi des serviteurs dans tous les pays de l'Europe : le meilleur, le plus fidèle, le plus dévoué,
m'est venu de la Suisse.

Aussi bien, puisque j'en suis à faire l'éloge des
Suisses en général et de Genève en particulier, je
tiens à déclarer qu'un sentiment de reconnaissance
s'ajoute en moi, pour me faire aimer cette jolie
ville, aux charmes qu'elle m'a toujours offerts. Je
suis souvent revenu à Genève et, une fois, dans
un état de santé assez précaire. J'y trouvai, à l'Institut Champel, des soins vraiment aussi délicats
qu'éclairés, et le souvenir de cette cure ne s'effa-
cera jamais de ma mémoire reconnaissante.

Avant de me lancer dans les grandes réunions,
j'ai voulu voir les environs de Genève.

J'ai fait une course à Ferney, Ferney-Voltaire, du

nom de celui qui donna à cette petite ville la vie et le
mouvement. Ferney est en France, à moins de
deux heures de Genève. J'ai visité le château qu'habita Voltaire et on m'y a montré des souvenirs du
« patriarche de Ferney. »

Des Voirons, je me suis offert la vue des Alpes
de Savoie, très jolis les Voirons, et très fréquentés.
De la verdure, des bois de pins ; ce n'est pas une
excursion, c'est une véritable promenade et des
plus agréables qu'on fait pour atteindre la grande
cime du Calvaire.

Voulez-vous me suivre au château de Chillon ?
Ici, nous entrerons franchement dans le pittoresque
des lieux et le saisissant de l'histoire.

Campé sur un rocher à pic, le château — une véritable forteresse — domine le lac. Il date des premiers siècles de notre ère et il paraît avoir presque
toujours servi de prison. Notre guide nous raconte que c'est là, dans un des cachots noirs de ce
château, que Louis le Débonnaire fit enfermer un
prieur d'abbaye qui conspirait contre lui ; cela nous
reporte déjà à la première partie du ixe siècle. Passé
aux mains du comte de Savoie, le château de Chillon, fut tour à tour la résidence et la prison de leurs
ennemis. On nous montre le pilier auquel fut enchaîné le prieur Bonivard accusé de fomenter la

révolte de l'Helvétie contre la domination étrangère.
On voit encore l'endroit où la chaîne de Bonivard
était scellée dans le pilier et, tout autour de ce dernier, l'usure de la dalle sous les pas du prisonnier.

Lord Byron a laissé sur Bonivard un poème auquel je vous renvoie.

Le prieur patriote resta enfermé six ans et re-
couvra la liberté lors de l'affranchissement de son
pays en 1536.

J'ai passé quelques jours à Montreux, j'entends
à visiter les diverses localités qui constituent Mou-
tiers et dont Chillon fait partie ainsi que Clarens,
le village qu'a immortalisé J.-J. Rousseau dans un
de ses ouvrages. C'est là une agréable station
d'hiver, centre d'une foule de petites excursions
très intéressantes.

Un mot de Vevey, encore un endroit illustré par
l'auteur de *la Nouvelle Héloise*. J'ai vu là surtout
des Anglais et des Américains qui ont une prédilection marquée pour cette station.

En revanche, Evian ne réunit que des Français.
La petite ville est très animée ; elle a un casino
dans une charmante position et un théâtre qui
n'est pas sans grâce : les deux établissements sont
l'un et l'autre très fréquentés.

Une curiosité, par son site et sa façon de s'éche-lonner sur le fleuve du Mont-Jorat, c'est Lausanne dont la visite constitue une véritable ascension.

Neufchâtel. Encore un joli site au bord du lac de ce nom et au pied du Jura.

J'ai acheté une montre à Neufchâtel. A propos de montres, j'ai oublié de mentionner, en parlant de Genève, la grande industrie de cette dernière ville. Neufchâtel fait une concurrence assez sé-rieuse à Genève dans cette industrie.

Je me rends à Berne, la capitale de la confédé-ration helvétique.

Capitale n'est pas le mot ; je devrais dire le siège du gouvernement. La Suisse n'a pas de capitale ; tous ses chefs-lieux de canton sont sur le même pied, comme tous ses citoyens sont égaux. Cette petite République, si petite que Voltaire se plaisait à dire d'elle : « Quand je secoue ma perruque, je la poudre tout entière », me paraît être un modèle d'union.

La fondation de Berne remonte au xiie siècle. On sait la part qu'elle prit à l'affranchissement de l'Hel-vétie. Je ne voudrais pas ici, tout sollicité que j'en sois, me laisser aller à rappeler l'histoire ; j'aurais

tout un volume à écrire. Je ne ferai que prendre
en passant les points saillants, les grands souvenirs et aussi quelques légendes restées populaires,
ces légendes qui sont comme les fleurs de l'histoire.

L'origine du nom de Berne est Bœr, qui signifie
ours. Berne est la ville des ours; ils figurent dans
ses armoiries, on en retrouve sur tous ses monuments. Je vous recommande la tour de l'Horloge : il
y a là une horloge très curieuse, la mère de toutes
ces horloges où l'on voit, quand l'aiguille arrive
sur l'heure, une petite porte s'ouvrir, un coq montrer
sa tête et chanter autant de fois qu'il y a d'heures à
sonner.

Ici, le mécanisme est plus compliqué. Quand le
coq chante, une troupe d'ours sortent à la queue-
leu-leu d'une galerie circulaire et défilent devant
deux personnages qui me paraissent être là pour le
décor.

Il y a aussi la Fontaine de l'Ours où un de ces
animaux, coiffé d'un casque, portant le glaive et la
bannière de Berne, protège un autre ours plus petit
blotti entre ses jambes. Le symbole n'a pas besoin
d'être expliqué.

Comme monuments se recommandant par leur

architecture, je ne vous parlerai que de la cathédrale gothique. Les autres, l'Arsenal, le Palais Fédéral, l'église du Saint-Esprit, etc., que les guides vous signalent comme remarquables, m'ont paru sans valeur artistique.

Sur la place de la Cathédrale, une belle statue équestre de Rodolphe d'Erlach, le vainqueur de Laupen. Le 21 juin 1339, les Bernois, conduits par Rodolphe d'Erlach, remportèrent là une victoire décisive sur leurs ennemis et leurs oppresseurs.

De Berne, je partis pour Thun ou Thoune, pour écrire comme il faut prononcer.

Nous voici dans l'Oberland bernois, une des parties les plus belles, les plus admirablement curieuses de la Suisse pittoresque.

Ce ne seront plus que lacs et montagnes et spectacles grandioses.

Le lac de Thoune est une petite mer; il a dix-huit kilomètres de long sur environ trois kilomètres de large. Le long de ses rives, s'élèvent de charmantes villas. On aperçoit du lac les cimes blanches de la Jung-Frau et la pyramide de cinq mille pieds qui s'appelle le Niesen.

C'est par le lac, en bateau, que je me dirigeai

vers Interlaken. Je descendis à la pointe de la Nase pour visiter la grotte de Saint-Béat. Ici une légende que tout le monde vous racontera.

C'est au iii⁰ siècle que saint Béat, qui venait évangéliser le pays, s'établit dans cette grotte. La légende dit qu'il dut d'abord en chasser un dragon qui l'habitait depuis toujours.

Saint Béat, dès son installation, se mit à parcourir le pays et à prêcher la bonne parole, mais ses prédications seraient peut-être restées stériles sans un miracle qui vint fort à propos lui rallier tout le monde.

Certain jour, des bateliers refusant de lui faire traverser le lac sur leur barque, saint Béat étendit son manteau sur le lac, s'embarqua dessus et atteignit l'autre rive.

Le crâne de saint Béat, tout ce qui reste de lui, est enterré à Interlaken.

Interlaken, le point de réunion des voyageurs qui commencent leurs excursions ou qui en reviennent, est situé dans la plaine, entre les lacs de Thoune et de Brienz, ainsi que son nom l'indique. Il a été formé de la réunion de trois villages : Aarmühle, Matten et Unterseen.

Interlaken est un séjour calme, tranquille, très fréquenté par les familles allemandes.

Les étrangers se donnent rendez-vous à la promenade de Hœheweg, double allée de noyers superbes.

Au point de vue du pittoresque, cette partie de la Suisse m'a paru gâtée par les chemins de fer; mais il faut être de son siècle et marcher avec le progrès.

J'ai fait l'ascension de la Scheinige-Platte. Le point de vue est merveilleux. En bas, les deux jolies vallées de Lauterbrunnen et de Grindelwald ; en face et jusque dans les nues, la majestueuse Jung-Frau.

La Scheinige-Platte, dont le nom signifie plateau brillant, est ainsi nommée à cause de la couleur rouge de son sommet, un rouge qui brille réellement comme un métal au soleil.

Lauterbrunnen, que j'ai visité en redescendant, est un joli village non loin duquel j'ai vu une des curiosités les plus vantées de la Suisse : la chute du Staubach.

Cette cascade est formée par la réunion d'un certain nombre de ruisseaux qui tombent ensemble d'une hauteur de trois cents mètres. Faut-il vous dire que, très volumineuse et compacte quand elle se détache du rocher pour s'élancer dans le vide, cette colonne d'eau n'atteint le sol que sous la forme d'une poussière diamantée? L'air et le vent l'ont divisée à l'infini et le soleil l'a revètue des couleurs de l'arc-en-ciel.

C'est un merveilleux spectacle et je comprends que les poètes l'aient chanté.

J'ai vu aussi les chutes du Giessbach, un fort ruisseau qui, avant de se perdre dans le lac de Brienz, forme sept cascades successives. La plus haute est de trois cent cinquante mètres.

Voici plusieurs fois que je nomme la Jung-Frau ; j'y arrive enfin.

Vous savez d'où lui vient ce nom de Jung-Frau, la jeune fille, la vierge. Pendant longtemps, cette montagne est restée la vierge des Alpes, j'entends que personne n'avait encore imprimé son pied dans le manteau d'un blanc virginal que lui fait la neige.

Aujourd'hui, depuis l'ascension du chasseur de chamois Poumann, qui, le premier, parvint à gravir sa pointe la plus élevée (d'autres font honneur de cette première escalade à MM. Rod et Mayer), la voie

est ouverte aux touristes. Cette ascension, je l'ai
faite moi-même, et j'ajoute que j'ai vu des dames
l'accomplir avec nous sans accident ni fatigue
écrasante.

Chemin faisant, je demandai à notre guide
quelques explications au sujet d'un phénomène
dont j'avais beaucoup entendu parler, tant pour le
bruit extraordinaire qui l'accompagne que pour les
désastres qu'il peut provoquer : les avalanches.

C'est surtout au printemps et au commencement
de l'été qu'elles se produisent, et la saison dans
laquelle nous nous trouvions ne me laissait aucun
espoir d'en voir une.

Il suffit, pour déterminer une avalanche, d'un
peu de neige qui, sous l'action du soleil, se détache
de la montagne; elle descend en roulant et s'aug-
mentant des petites puis des grosses masses de
neige qui s'attachent à elle, je n'ai pas à vous dire
comment, c'est la formule ordinaire de la boule de
neige. Au départ du sommet de la montagne, ce
n'est qu'une petite bande toute blanche, d'un blanc
d'argent au soleil, et d'un poids sans importance ;
quand elle s'abîme dans une gorge ou tombe sur la
vallée, c'est une masse de taille et de poids à
engloutir un village.

Quant au bruit qui l'accompagne, je ne puis

mieux le comparer qu'au tonnerre; j'ajoute que, si l'on n'était prévenu de la cause réelle de ce bruit, on ne l'attribuerait jamais au roulement de ce tas de neige.

Voici que j'en parle comme si j'en avais pu juger de mes yeux et de mes oreilles. La vérité est qu'à ma demande, notre guide nous procura le spectacle d'une avalanche artificiellement obtenue par la détonation d'une arme à feu. Je revins ravi de mon ascension : j'avais escaladé la Jung-Frau et vu et entendu une avalanche.

Une autre ascension dont je ne suis pas médiocrement fier, c'est celle du Righi...

Mais, d'abord, parlons de ce fameux lac des Quatre-Cantons (Uri, Unterwalden, Schwyz et Lucerne), qui s'étend à ses pieds.

Il n'est pas dans cette Suisse, où les beaux lacs abondent, ni même dans toute l'Europe, un autre lac qu'on puisse lui préférer. Et puis, son nom seul évoque tant et de si grands souvenirs intimement liés à la liberté suisse! Ses rives en sont tout illustrées. Ici, une pyramide élevée au chantre de Guillaume Tell, le grand poète Schiller; là, le rocher d'où jaillissent les trois sources historiques du Grütli; plus loin, sur la Tellsplatte, la statue et la chapelle de Tell, cette dernière reconstruite récemment et destinée à consacrer l'endroit où le célèbre archer sauta à terre du bateau qui portait Gessler.

J'ai lu quelque part et j'ai entendu répéter que l'histoire de Guillaume Tell n'était qu'un mythe, une légende venue en droite ligne des rivages du nord ; Guillaume Tell n'aurait existé que dans l'imagination des conteurs, et plusieurs pays auraient dans les traditions de leur passé le même archer enlevant de sa flèche une pomme sur la tête de son enfant.

Sans aller au fond de cette assertion, je me demande si ce n'est pas un crime ou, pour le moins, une grosse faute de souffler ainsi sur la poésie de l'histoire d'un peuple.

Le Righi n'est pas une montagne, mais un groupe de montagnes, dont la plus élevée est le Righi-Kulm. C'est de ce dernier que je fis l'ascension.

Je la fis le soir, en nombreuse compagnie ; nous montâmes jusqu'à un hôtel distant de la cime de quelque cent mètres. Nous y soupâmes et passâmes la nuit. Vous nous demandez pourquoi ? Pour assister au lever du soleil, un des plus beaux spectacles que j'aie jamais vus.

A cinq heures du matin, on est réveillé par le
cor, et tout le monde se précipite vers la hauteur,
habillé à la hâte, enveloppé de châles, drapé dans
des manteaux, les dames avec leurs cheveux sur
les épaules...

N'attendez pas que je vous décrive ce lever du
soleil ; seul un grand poète pourrait s'en acquitter
convenablement : je me sens au-dessous de la
tâche.

Un autre groupe de montagnes qui tente toujours la curiosité du touriste, c'est le Pilate.

Ce nom de Pilate vient du latin *pileatus*, qui signifie chevelu ou coiffé, et il a été donné à ce
groupe de montagnes parce que les nuages qui cou-
vrent toujours leur cime leur fait une façon de
coiffure.

Après cela, on donne une autre explication de ce
nom : il viendrait tout simplement de ce que Ponce-
Pilate, le juge qui livra Jésus à ceux qui allaient le
crucifier, est enterré par là. Dans ses *Impressions
de voyage*, Alexandre Dumas a fait de cette légende
un adorable récit auquel je vous renvoie ; lisez-la,
cette légende : vraie ou fausse, elle vous charmera.

Quoique le Pilate soit pourvu d'un chemin de fer
à crémaillère, depuis quelques années, on lui pré-

fère, pour l'ascension, le Righi où l'on a du soleil
et de la verdure, tandis que le Pilate est sombre
et presque toujours enveloppé de nuages.

A propos de ces nuages, j'ai recueilli deux dictons
qui font du Pilate un véritable baromètre.

L'un dit :

> Quand Pilate aura mis son chapeau,
> Le temps sera serein et beau.

L'autre :

> S'il a son chapeau, le temps sera beau.
> A-t-il un collier, on peut se risquer.
> S'il porte une épée, il vient une ondée.

J'ai dit plus haut que je regrettais l'installation
de ces chemins de fer à crémaillère du Righi ; j'en
dirai autant du Pilate. Le pittoresque y perd trop
pour ce qu'on y gagne de commodité, et ce n'est
pas ses aises qu'on va chercher dans les montagnes. J'ajouterai, cependant, que ces chemins de
fer sont eux-mêmes une curiosité, avec leur façon
de courir sur la croûte du mont et de disparaître
brusquement pour reparaître plus loin à la sortie
du tunnel tournant.

Je ne voudrais pas quitter la Suisse allemande
sans vous présenter Lucerne, ville et site entre tous

attrayants. Bâtie en amphithéâtre sur le lac des Quatre-Cantons, à l'endroit où la Reuss sort du lac, protégée de l'autre côté par ses neuf tours et des murs qui datent du xive siècle, Lucerne se présente admirablement au touriste.

J'ai fait une visite au Lion de Lucerne, monument élevé à la mémoire des officiers et des soldats de la garde suisse des Tuileries, massacrés le 10 août 1792. Sculpté dans le rocher, un lion, percé d'un glaive et mourant, défend encore un bouclier fleurdelisé.

Lucerne est, d'ailleurs, très fournie en monuments remarquables, depuis ses ponts sur la Reuss jusqu'à son hôtel de ville en passant par la chapelle Saint-Pierre et l'église Saint-Léger.

Laissez-moi également saluer la ville de Zurich, qui m'a paru être, au point de vue industriel, un des plus beaux fleurons de la couronne de l'Helvétie.

J'ai parlé, au chapitre de Lyon, de la concurrence que la grande cité lyonnaise avait à redouter de la Suisse. C'est Zurich qui est le centre de cette concurrence. J'y ai vu de nombreuses manufactures d'étoffes de coton et de soie; on m'a affirmé que pour le seul tissage de la soie, Zurich et ses envi-

rons occupaient bien près de huit mille métiers. Il
y a bientôt sept ans de cela ; aujourd'hui ce chiffre
doit être dépassé.

J'ai fait, en plein hiver, une excursion dans l'Engadine. Je l'ai faite en traîneau bien entendu. Vous
savez sans doute que le climat de l'Engadine est
particulièrement froid et que, même au début de
l'automne, les gelées n'y sont pas rares. Vous
voyez ce qu'y peut être l'hiver.

Je dois ici un souvenir à mon compagnon d'excursion, un touriste anglais, sur qui les rigueurs
de la saison n'avaient pas de prise. Comme moi, il
voulait voir, et nous vîmes. Ah! les belles courses
en traîneau et les belles parties de patinage, et les
fières ascensions vers les glaciers qui abondent
vous devez vous en douter !

J'ai passé en traîneau devant le Maloja. J'ai vu
le château du comte de Renesse, grande et illustre
famille de Belgique. On a de là une vue splendide
et, tout alentour, de belles promenades, le chemin
des Touristes entre autres.

J'ai visité le grand Hôtel-Kursaal-Maloja, dont la
construction est due à mes compatriotes. Magnifique hôtel et très fréquenté même pendant l'hiver

où il devient, pour les familles riches, une station recommandée.

J'ai rapporté de cette excursion une note que je tiens à donner sur les habitants de l'Engadine : ils parlent toutes les langues! Cela tient, paraît-il, à ce qu'ils voyagent beaucoup à l'étranger et aussi, sans doute, à une aptitude particulière.

Une chose qui me tentait beaucoup depuis mon arrivée en Suisse et que je m'étais promis d'accomplir, c'était une visite au Saint-Gothard.

Ce qui m'y attirait surtout, c'était la vue de ce travail de géants qui s'appelle le tunnel du Saint-Gothard, un des plus puissants efforts du génie moderne. Oh! là, je ne me permettrai pas d'avancer ce que j'ai dit ailleurs des chemins de fer établis dans les montagnes de la Suisse. Il ne saurait plus être question du pittoresque à sauver. Il n'y a qu'à s'incliner, on ne peut qu'admirer l'audace et le plein succès d'une entreprise qui relie deux nations, la Suisse et l'Italie, séparées sur ce point par des obstacles réputés insurmontables.

J'ai suivi aussi l'ancienne route du Saint-Gothard. A propos de cette route, je vous mentionnerai

le Pont-du-Diable jeté sur la Reuss, à une élévation de trente mètres. Une légende, qui vient sans
doute des difficultés de la tâche, attribue au Diable
en personne la construction de ce pont. Une autre
raconte que ledit diable s'y tient toujours, caché,
mais en permanence, et qu'il exige, et sait l'obtenir, que tout homme qui passe sur ce pont lui
tire son chapeau. Cette autre légende doit avoir
son origine dans la vitesse du vent qui souffle ha-
bituellement par là et décoiffe les passants, s'ils
n'y prennent garde.

J'ai visité Lugano, dans le Tessin, en pleine
Suisse italienne, au bord du beau lac qui porte le
même nom. Adorablement située, Lugano jouit du
plus doux climat. Les rives du lac sont bordées de
villas et de châteaux, séjour d'hiver des grandes
familles italiennes.

J'ai vu les deux autres grands lacs italiens : le
lac de Côme et le lac Majeur, superbes nappes
d'eau qu'encadre la magnificence des montagnes
de l'Italie.

Eh bien! toutes ces beautés, toutes ces splendeurs des trois parties principales de la Suisse
française, allemande, italienne, ne m'ont pas, réu-

nies, donné plus de plaisir qu'à elle seule la ville de Genève...

J'y suis souvent revenu, notamment pour voir son Exposition, j'y reviendrai encore, et cela sans jamais me lasser de ce séjour charmant.

ALGÉRIE
TUNISIE — CORSE

Algérie — Tunisie — Corse

L'hiver va finir, mais pas assez vite au gré de mes désirs. La fantaisie me prend de courir au-devant du printemps, et je pars pour l'Algérie.

Le mois de février 1890 touche à sa fin.

Je n'ai fait qu'une traite jusqu'à Marseille ; là, je me suis embarqué sur *le Péreire* qui me descend à Alger sans le moindre incident de route à signaler.

La vue d'Alger, à l'arrivée, est un beau spectacle. Cette ville blanche en amphithéâtre, s'offrant tout entière au regard du voyageur qui débarque, est certainement un des plus jolis tableaux qu'il m'ait été donné de voir dans mes voyages.

Le port est très vaste et très beau ; les quais ne le sont pas moins. Au-dessus de ces derniers s'étend

le boulevard de la République, élégante esplanade
d'où l'on domine la mer.

C'est là que commence la ville européenne, bâtie
sur le patron de nos villes et possédant tout ce que
peuvent nous offrir ces dernières.

Les rues sont pour la plupart bordées d'arcades,
comme la rue de Rivoli, à Paris. Les places sont
spacieuses et décorées pour la plupart de belles
statues ou de riches monuments. Ici, c'est la statue
équestre du duc d'Orléans, là celle du maréchal Bu-
geaud, le vainqueur d'Isly ; comme monuments,
c'est la cathédrale, l'archevêché et en face le palais
du gouverneur, ancien édifice mauresque dont on
a fait un véritable palais ; puis une foule de mosquées et d'édifices d'un joli cachet.

On se croirait dans une grande ville de notre
continent, avec, en plus, la couleur algérienne et le
pittoresque d'une colonie où le costume arabe se
mêle aux brillants uniformes français et aux vêtements divers de la population européenne.

La ville arabe est restée arabe. En s'y avançant
au sortir de la ville européenne, on se sent tout de
suite ailleurs, dans un autre pays. Elle occupe la
partie la plus élevée d'Alger et est couronnée par
l'ancienne résidence des beys, la Casbah.

Les rues — est-ce bien des rues? — courtes et
très étroites, s'enchevêtrant les unes dans les autres,
n'observent aucun alignement. Inutile de parler
d'architecture : toutes les maisons sont basses,
carrées et surmontées d'une terrasse.

Telle quelle, cette vieille ville arabe m'a fait
plaisir à voir, toute nouvelle pour moi et me décou-
vrant un peuple et des mœurs que j'ignorais.

Redescendons en Europe.

Vraiment, j'ai gardé de mon séjour à Alger un
fort agréable souvenir et des impressions tout à la
gloire de la métropole française. Alger m'a paru
une des perles de la Méditerranée.

J'ai visité ses environs avec M. X***, un membre
de la Chambre des députés, comme moi venu chercher du soleil et faire connaissance avec la belle
colonie. J'avais rencontré M. X*** sur *le Péreire* et
déjà apprécié son caractère charmant; je fus ravi de
l'offre qu'il me fit de continuer notre voyage de
touristes ensemble.

Quand je dis que j'ai visité les environs d'Alger,
je suis au-dessous de la vérité; nous avons, mon
aimable compagnon et moi, poussé fort avant dans
la province.

J'ai vu Blidah et son bois sacré; Boufarik, une petite ville industrielle qui promet de devenir grande, Boufarik et le tombeau élevé au sergent Blandan et à ses compagnons, héros de premier rang dans l'histoire de la conquête; Aumale, où l'on conserve quelques ruines d'une ancienne ville romaine; Cherchel, l'antique Iol, séjour de prédilection des rois de Mauritanie, aujourd'hui un assez joli port de commerce.

Près de Blidah, j'ai vu les gorges de l'Oued-el-Kébir et, poussant dans la Grande-Kabylie, j'ai admiré le Djurdjura... Ici, les curiosités naturelles sont nombreuses; j'y ai retrouvé, en moins grand et moins imposant, quelques-uns de ces tableaux dont la Suisse est pleine.

Je crois avoir, quelque part, entendu appeler l'Algérie « le grenier de la France ». Si j'en crois mes yeux, cette désignation ne tardera pas à être justifiée. L'agriculture est en grand honneur dans la province d'Alger : on y cultive avec succès le blé, la vigne; la culture maraîchère y réussit à plaisir; le tabac y vient bien; quant aux arbres fruitiers, ils y font merveille.

Je dois noter une visite que je fis à une colonie de trappistes, courageux défricheurs et cultivateurs

expérimentés : ce sont ces bons pères qui m'édi-
fièrent en partie sur la valeur du sol algérien et
son avenir agricole.

Rentré à Alger, j'eus le plaisir d'assister à une
revue des troupes de la garnison, donnée en l'honneur du gouverneur. Ah ! les belles troupes ! quelle
allure légère et quel air de bravoure ! Je n'avais
encore vu ni turcos, ni zouaves, ni spahis. Je
confesse qu'au défilé de ces soldats algériens, je me
sentis un petit frisson d'admiration.

Et ce n'était pas seulement cette armée que j'ad-
mirais, mais aussi le chemin parcouru, les progrès
réalisés par la France depuis le jour où l'éventail
du dey Hussein, en tombant sur la joue du consul
général français, ouvrit la porte à la conquête.

Nous prîmes à Alger le chemin de fer qui mène
à Tunis, mais pour nous arrêter à Constantine.

Constantine est une place forte, sur un plateau.
C'est sans doute à son élévation qu'elle doit la fraîcheur qui y règne et dont je fus tout de suite saisi,
venant d'Alger où régnait une température très
douce.

Comme Alger, Constantine a utilisé le palais de
son dernier bey : elle en a fait la résidence et le

quartier général du commandant de sa division. Je
n'y ai point vu de monuments à citer ; mais il y a
quelques vieilles mosquées curieuses pour un touriste du Nord comme moi.

Au point de vue agricole, Constantine m'a paru
ne le céder en rien à Alger et elle l'emporte certainement par le développement industriel. Les usines,
les fabriques, les ateliers divers y abondent. Elle
possède aussi des mines de fer, de plomb, de cuivre,
de mercure et quelques carrières de marbre.

Nous poussâmes une pointe jusqu'à Biskra,
moins pour voir cette toute petite ville que pour
visiter son oasis.

Sur la foi des récits que j'avais lus, je me figu-
rais trouver au milieu d'une immensité aride, un
îlot de verdure rafraîchi par une source où viennent s'abreuver les voyageurs et leurs montures.

L'oasis de Biskra, arrosée par une rivière, contient plus de cent mille arbres, fruitiers pour la
plupart, et des vignes superbes !

Ce fut ma dernière excursion avec mon aimable compagnon de voyage, M. le député X***. Le
lendemain, nous nous rendions à Bône où il allait
s'embarquer pour rentrer en France.

Je ne sais si ces lignes tomberont un jour sous les yeux de M. X*** ; si cette faveur m'échoit, je le prie de trouver là l'expression du reconnaissant souvenir que je garde des jours passés ensemble.

Je vais moi-même partir pour Tunis. Auparavant, je voudrais traduire une impression que j'ai longtemps hésité à exprimer.

J'ai vu, dans cette province de Constantine, quelques chefs arabes et pas mal d'indigènes. Je ne sais si je me trompe et je voudrais me tromper mais il m'a semblé qu'en dépit de l'effort des colonisateurs et du bien-être par eux apporté, ces Arabes sont restés Arabes. Leur soumission m'a paru plus apparente que réelle ; ils doivent garder au cœur et derrière la tête le culte de l'état antérieur et l'idée d'y retourner.

En route pour Tunis.

J'ai fait de Tunis et de la Tunisie une étude toute spéciale en vue d'un travail que j'ai publié sous ce titre « LA TUNISIE, *son passé, son présent, son avenir* », c'est vous dire l'intérêt que m'inspira ce beau pays.

L'occupation de la Tunisie par la France remonte à 1881. Depuis, l'œuvre accomplie m'a paru superbe : l'augmentation de la fortune publique progresse chaque jour et déjà elle a presque doublé; où existaient à peine des sentiers parcourus par de lointaines caravanes, des voies de communication ont été construites; les ports aménagés à Bizerte, Tunis, Sousse et Sfax ont créé le trafic commercial et ouvert d'importants débouchés; les côtes sont éclairées, la télégraphie pénètre de proche en proche; la justice a été organisée; des lycées et de nombreuses écoles ont été fondés; la vie municipale fonctionne dans tous les centres importants et les vivifie. En quinze années, la France aura plus fait pour ce splendide pays que ne firent en trente siècles tous ceux qui le possédèrent tour à tour.

On sait que l'origine de ce pays se perd dans la nuit des temps.

D'autres plumes ont écrit les sombres tragédies dont la Tunisie — la primitive Lybie — fut si souvent le sanglant théâtre.

Douze ou quatorze cents ans avant notre ère, les Phéniciens y abordaient. Alors commença cette longue série de siècles de richesse, de puissance et de grandeur débutant à la fondation de Carthage et aboutissant à la domination romaine (105).

L'histoire de la Tunisie se divise à partir de ce moment en huit périodes :

1° Période romaine ; 2° période vandale ; 3° période byzantine ; 4° période arabe ; 5° période berbère ; 6° période espagnole ; 7° période turque et enfin 8° période husseinite.

La dernière période de l'histoire de la Tunisie avant le protectorat français commence le 13 mai 1740, à la mort de Hussein, assassiné par son neveu Gounès. Ses trois fils, fugitifs d'abord, régnèrent plus tard : Mohammed, de 1756 à 1759 ; Ali, de 1759 à 1781 et Mahmoud, plus tard encore, de 1814 à 1824. Hussein-Bey lui succéda, et, en 1835, Mahmoud-Bey montait sur le trône, auquel son fils Ahmed accédait à son tour, le 11 octobre 1837. Intelligent, généreux, libéral, d'un esprit volontiers ouvert aux idées européennes, c'est lui qui, par la fermeture, en 1842, du marché des esclaves installé alors au Souk-el-Barka actuel, couronna l'œuvre généreuse de l'abolition de la course, abolie depuis 1819 et dont les amiraux Jurien de la Gravière et Freemantle avaient signifié l'interdiction. Législateur, Mohammed publia *le Pacte fondamental*, dont l'honneur reste à sa mémoire, on lui dut également d'intéressantes restaurations archéologiques. A Mohammed, Saddock succédait le

2 septembre 1856. Animé des meilleures intentions, sa grande faiblesse eut pour effet immédiat des augmentations d'impôt pour satisfaire aux besoins d'un insatiable entourage; de là des exodes et des révoltes qui faillirent faire revivre les pires pages de l'histoire de la Régence. L'état des choses empirait, de ruineux emprunts menaçaient de conduire le pays à la ruine irréparable, les intérêts de la France en Algérie pouvaient se trouver finalement compromis de la façon la plus grave.

Ce fut le 4 avril 1881 que l'entrée de la France en Tunisie fut résolue. Le 24 avril, la frontière tunisienne était franchie par ses troupes et le 12 mai suivant, le général Bréart faisait signer le traité du Bardo.

Le 27 septembre 1882, Ali-Bey succédait à son frère Saddock et, depuis l'avénement du dernier bey, l'ordre n'a plus été troublé, une ère féconde a commencé pour ce pays dont les richesses naturelles sont réellement extraordinaires.

Ce qui donne une grande force morale et effective au protectorat français, c'est que ses administrateurs se sont bien gardés d'appliquer de toutes pièces à la Tunisie l'organisation territoriale en usage en Europe; — ils ont su respecter la constitution des tribus, se bornant à faire sentir progressivement l'action du pouvoir central. Les améliorations doucement amenées, doucement et pourtant graduellement imposées, sont toutes basées sur le respect de l'état social des tribus ayant lui-même pour base l'organisation familiale.

Ces tribus se multiplient à l'infini sur toute l'étendue du territoire tunisien et la seule nomenclature des principales en est intéressante à connaître. Les savants vous diront si réellement le Berbère — l'individu blond ou roux, à yeux bleus, ressemblant à l'Européen — domine en Tunisie ; en tout cas, l'élément arabe y est assez mêlé ; d'autres éléments encore ont pénétré dans la masse de la population, y ont imprimé leur marque et fait sentir leur influence. Voici les nègres du Soudan et de Bornéo, descendants des esclaves d'antan ; puis, dans les villes, les Maures coudoient les Européens ; puis les Juifs issus de leurs pères chassés de Judée ; puis les descendants des soixante mille émigrés espagnols ou portugais, débarqués en Afrique, et enfin les Koulongles, fils de Turcs et de femmes mauresques.

Tunis, que les Arabes appellent *la Fleur d'Orient*, a conservé son aspect oriental. Les Arabes disent même qu'elle a la forme d'un burnous étendu dont le capuchon serait à la Kasbah. — J'ai dit, au chapitre d'Alger, ce qu'était la Kasbah.

Elle est divisée en quatre quartiers : la Médina, la ville du centre, deux faubourgs, Bab-Souïka et Bab–ed-Djezira, le quartier franc, la ville européenne, où se trouve le palais de la résidence

Très intéressante et même élégante, la ville européenne répandue le long et autour d'une avenue de soixante mètres de large, toute bordée de belles maisons.

Tunis abonde en curiosités. J'en citerai quelques-unes qui m'ont particulièrement séduit.

D'abord la Grande Mosquée, où, en ma qualité d'Européen, je n'ai pu pénétrer, mais sur l'intérieur de laquelle j'étais fixé pour en avoir visité d'autres. Le nom arabe de la Grande Mosquée, Djame-ez-Zitouno, signifie « Mosquée de l'olivier ». On me dit que les innombrables colonnes qui en décorent l'intérieur viennent des ruines de Carthage.

Autour de la Grande Mosquée, les Bazars : bazar des brodeurs, bazar des tailleurs, bazar des bijoutiers, bazar des parfumeurs, des armuriers, des tisserands, etc.

Je me suis arrêté là de longs moments et j'y ai

même acheté quelques-unes de ces étoffes aux couleurs éclatantes et aux extraordinaires broderies d'or et d'argent. Pendant deux jours mes vêtements gardèrent les odeurs du bazar des parfumeurs, vous savez, ces parfums de l'Orient si vantés par les poètes.

La Kasbah est aujourd'hui occupée par la garnison française. J'ai retrouvé là les zouaves que j'avais admirés à Alger. L'un d'eux, un Parisien à la langue bien pendue et à l'esprit plaisant, me fit monter sur une terrasse d'où mes yeux purent embrasser Tunis tout entière et suivre commodément, entremêlées d'amusants commentaires, les explications de mon zouave loustic.

J'ai passé quinze jours à Tunis et consacré ma dernière semaine à en visiter les environs : Carthage, la Goulette, le Bardo...

Vous connaissez la Carthage historique. Je crois bien que la France arrivera à ressusciter la grande vaincue des Romains ; des mois et des années passeront nombreux avant qu'on atteigne aux splendeurs d'autrefois, mais la voie est ouverte, l'effort se multiplie, les résultats atteints sont déjà des plus remarquables.

Qu'il me soit permis de rendre ici hommage à la

mémoire du cardinal de Lavigerie, l'initiateur et l'ouvrier le plus hardi de cette résurrection.

La Goulette — un terme d'argot, si je ne m'abuse — signifie le gosier; c'est le nom du canal qui relie le lac de Tunis au golfe et à la ville qui ont, l'un et l'autre, pris également ce nom.

On m'a montré à la Goulette, dans l'Arsenal, qui fut autrefois un bagne, l'endroit où fut enchaîné saint Vincent de Paul.

Le palais du Bardo m'a fait l'effet d'une merveille de la civilisation de l'Islam. Vous en trouverez la description dans une foule d'ouvrages, et cela si facilement que je ne m'aventurerai point à la tenter. Je résume mes impressions d'un mot : le Bardo, c'est l'Orient traduit par l'art islamique.

De Tunis, je suis revenu à Bône, où je me suis embarqué pour Ajaccio.

Quel départ et quelle traversée! Je m'en souviendrai longtemps.

Dès l'arrivée en mer, nous sommes assaillis par une tempête qui nous secoue impitoyablement. En vue d'Ajaccio, elle ne nous a pas encore quittés et l'abordage est impossible.

J'ai le loisir de contempler à distance les Iles Sanguinaires qui n'ont de curieux que leur nom terrible, d'autant moins mérité que ces îles offrent un refuge salutaire aux phtisiques qui ont épuisé toutes les autres stations d'hiver.

Enfin, nous voici à quai.

Le site d'Ajaccio est tout simplement splendide. La ville s'étend au bord d'un beau golfe et elle est adossée à des montagnes dont les cimes sont couvertes de neiges. Cet abri naturel lui vaut, d'ailleurs, un climat très doux.

Ajaccio, le berceau de Napoléon, est toute pleine du souvenir de l'Empereur. Sur la place des Palmiers, c'est une jolie fontaine surmontée d'une statue en marbre du Premier Consul, et l'Hôtel de Ville où l'on nous montre un musée napoléonien composé de tableaux de famille, de bustes de Bonaparte et de ses frères, d'objets ayant servi à leur usage; plus loin, sur la place Bonaparte, c'est la statue équestre de Napoléon Ier; plus loin encore, sur la place Lœtitia, c'est la maison de Bonaparte.

Vous vous doutez que je l'ai visitée, cette maison d'où sortit le plus grand homme des temps modernes...

Pardon! Je commets une erreur et je vous dois

de la rectifier pour ne pas vous laisser exposés à la
commettre à votre tour. Je croyais bien entrer dans
la maison qui vit naître Napoléon, mais — et je
vous confesse que ce me fut une déception — le
gardien m'expliqua que cette maison n'était qu'une
reconstruction du berceau historique. Celle qu'elle
a remplacée fut brûlée par les partisans de Paoli.

N'importe, l'emplacement est le même et la dis-
tribution et l'ameublement des pièces aussi. Ces
meubles sont bien ceux qui garnissaient la maison
de sa famille; c'est bien devant ce clavecin que
s'asseyait sa mère Lœtitia, et voici la chaise dans
laquelle, prise à l'église des douleurs de l'enfante-
ment, pendant l'office de l'Assomption, elle fut
rapportée ici pour y donner le jour à Napoléon sur
un tapis dont les dessins représentaient les exploits
d'un autre grand capitaine...

Cette restitution exacte du berceau de Napoléon Ier est due au cardinal Fesch, l'oncle maternel
de l'Empereur.

D'Ajaccio, je filai sur Bastia. Le train m'arrêta à
Bocognano, point terminus — à cette époque — de
la ligne. Et me voilà, le soir, la nuit tombée, dans
un pays que j'ignore absolument. Heureusement la
Providence vient me tendre la main et m'offrir le

bras, sous les traits d'un commis-voyageur qui,
lui, connaît bien le pays pour l'avoir battu cent
fois.

Il me conduit, je me laisse faire, et nous entrons
dans une forêt noire dont la traversée dure une
demi-heure. Enfin, voici une lumière, elle va s'élar-
gissant, c'est une fenêtre éclairée, et cette fenêtre
est celle d'une auberge où nous attend une hospitalité dont je suis vraiment touché.

Accueil charmant, service empressé, chambre
coquette, tout y est, sauf la table. Oh! cette cuisine
à l'huile! Je me rattrape en me faisant raconter des
histoires de maquis et de vendetta.

Elle existe encore, la vendetta, et elle existera,
en dépit des gendarmes, aussi longtemps que le
sang corse coulera dans les veines des habitants
de l'île. Détail qui a bien son prix pour les touristes, elle ne s'exerce que de Corse à Corse, armant
parfois l'une contre l'autre, les familles des deux
ennemis; les étrangers n'y sont jamais exposés.

Au matin, je partis pour Corte, en diligence.
Emportée à toute vitesse par ces petits chevaux
corses si nerveux et si fringants, notre patache
traversait des forêts, longeait de ces maquis dont
on m'avait parlé la veille, faisant de ci de là s'en-

voler en sifflant quelques-uns de ces fameux merles dont le cardinal Fesch aimait à fournir la table de son impérial neveu, lequel en était, paraît-il, très friand.

A la descente de la côte — une côte si raide que toute la route est en lacets — nos chevaux n'eurent pas une faiblesse. Ils sont d'une solidité à toute épreuve, ces petits chevaux corses.

A propos, je dois vous dire que là-bas tout le monde va à cheval et qu'on y regarde d'un œil assez dédaigneux le touriste qui, pour son plaisir, se promène à pied.

Arrivé à Corte, je vis sur la place principale, une assez belle statue de Paoli, le libérateur de la Corse jusque-là soumise aux Génois. C'est ce même Paoli qui, devenu l'ennemi de Bonaparte, en qui il devinait le futur César, brûla, comme je l'ai mentionné plus haut, la maison où était né Napoléon.

De Corte, j'arrive à Bastia...

Encore des souvenirs de l'Empereur, notamment une belle statue en marbre sur la place qui précède l'un des bassins du port.

Je voudrais, avant de quitter Bastia et la Corse, rendre hommage aux sentiments que cette île nourrit pour la France. D'aucuns, tablant sur sa

position, son passé, sa langue, la disent génoise
ou italienne... Allez donc raconter ça aux Corses,
vous entendrez la réponse. La Corse est française et
bien française; je ne crois pas qu'il existe un département français plus attaché à la mère patrie,
plus patriote que cette vaillante petite île. Ses origines, son passé? mais il suffit de rappeler à un
Corse la domination génoise pour le faire grincer
des dents, cent ans encore après le libérateur Paoli.
Et puis Napoléon est là, le fils de l'île et l'empereur
des Français; Napoléon qui est mort et qui vit
encore...

Je suis rentré par Marseille, que j'ai revu avec
plaisir. Je me suis arrêté un jour encore à Lyon.
Lors de mon premier séjour, la cité lyonnaise
m'avait plu par sa grandeur industrielle et son
activité commerciale. Je ne puis que renouveler
l'hommage que je lui ai déjà rendu; mais, cette
fois, Lyon m'a laissé une certaine impression de
lourdeur triste.

Paris!
Je ne fais que le traverser. J'ai hâte de revoir
ma famille et mes amis.

LES PYRÉNÉES

Les Pyrénées

Un matin du mois de mai de l'année 1892, par un beau soleil, je fus repris de la fièvre de voir.

Le soir, j'étais à Paris où je prenais le rapide de Bordeaux. Cette désignation « le rapide » est méritée ; la vitesse du train m'a rappelé celle des express anglais.

Nous traversons des pays charmants, cette plaine si justement vantée de la Loire, cette délicieuse Touraine, « le jardin de la France ». C'est la nuit et nous passons à toute vapeur... Je reviendrai.

Je ne suis descendu qu'à Bordeaux où j'ai passé deux jours. Je suis convaincu que l'ancienne capitale de la Guyenne mérite un plus long séjour. Pour le peu de temps que j'y ai passé, j'ai pu apprécier son élégance de ville riche et son importance de port marchand.

10

Elle m'a paru très vivante, très animée. J'y ai vu de belles places et d'agréables promenades, ainsi que des monuments remarquables : la cathédrale de Saint-André, la Bourse, le Grand-Théâtre.

Est-ce un souvenir de l'ancienne occupation anglaise, déjà perdue dans la nuit des temps? Il m'a semblé retrouver dans le caractère bordelais quelque chose de la froideur britannique, mais au premier abord seulement. La glace rompue, le bordelais parle, se livre, laisse voir volontiers le côté plaisant de son esprit méridional en somme.

A Marseille, j'avais beaucoup entendu parler de Bordeaux; à Bordeaux, j'ai beaucoup entendu parler de Marseille... Les deux cités sont évidemment rivales; elles se décochent de l'une à l'autre des brocarts plutôt drôles et qui ne s'adressent, d'ailleurs, qu'au caractère de leur population respective, ce caractère qui, à Bordeaux comme à Marseille, aime la gloire et voit toujours grand...

Je pars pour Bayonne.

Nous traversons les Landes. Le pays est triste, il a un aspect désolé. Un tableau m'est resté dans l'œil, celui des bergers-hérons, ces hommes et ces femmes que la nature du sol force, pour garder leurs troupeaux, à monter sur de longues échasses...

Voici que font leur apparition les bérets bleus, une façon de toque plate en laine bleue qui est ici la coiffure nationale. Je dois dire que, cette coiffure, je l'ai déjà vue ailleurs ; elle a été adoptée un peu partout en France, surtout sur les plages, seule sa couleur varie.

Nous arrivons aux Pyrénées ; voici Bayonne.

A peine suis-je arrivé que je repars pour Biarritz dont la plage m'attire.

Permettez, en passant, que je vous dise un mot d'une autre plage très connue et très fréquentée : Arcachon, que j'ai visitée.

Ce qu'on nomme le bassin d'Arcachon, est une immense baie de cinquante kilomètres de tour. La plage est fort belle et la station ne manque pas d'agréments.

Je suis allé faire une promenade dans les forêts de pins qui s'élèvent le long de la mer. On les vante beaucoup pour les vertus curatives de l'air qu'on y respire. J'y ai éprouvé moi-même un réel bien-être ; mais ce n'est pas seulement pour offrir un air balsamique aux malades que ces forêts de création moderne sont là. On m'a expliqué que ces pins dits maritimes avaient été plantés pour mettre une barrière aux empiétements continus de l'océan. Chaque marée détachant un peu de la rive, on avait

déjà calculé la date — dans pas mal de siècles —
où la ville de Bordeaux serait attaquée par le flot...

Retournons à Biarritz.

C'est, par excellence, la station élégante, quasi-
princière. Sa fortune date du second Empire, et elle
la doit en grande partie à la prédilection de l'Impératrice, qui, on le sait, affectionnait beaucoup
cette plage voisine de son berceau. J'ai visité la
villa Eugénie, autrefois villa d'été de l'Impératrice;
c'est un pur bijou.

Aussi bien Biarritz tout entière est, je l'ai dit,
élégante, quasi-princière; on y rencontre plus de
têtes couronnées et de représentants de la haute
noblesse française et espagnole que sur toutes les
plages réunies.

On m'a montré, aux environs de Biarritz, une
grotte creusée par l'océan dans le rocher. Elle est
toute tapissée de mousse et de coquillages. Elle
était vide quand je m'y rendis; je me retirai devant
la marée qui allait l'emplir.

Dans le pays, on appelle cela la « Chambre
d'amour », en souvenir d'un couple de jeunes
mariés qui s'y laissèrent surprendre par la marée

et y périrent noyés — au moins la légende le dit.

Revenons à Bayonne — Bayonne, la ville basque. Car il ne faut pas oublier que ce pays est occupé par deux races distinctes : les Basques, à Bayonne et à Mauléon, et les Béarnais, à Pau et dans le reste des Hautes et des Basses-Pyrénées.

Autant que j'ai pu m'en rendre compte, les Béarnais sont fins et méfiants, facilement irascibles et très intéressés, d'ailleurs de mœurs douces. Les Basques m'ont paru plus francs, plus obligeants ; ils ont de l'esprit naturel et sont d'une agilité proverbiale. Le patois de ces derniers est une véritable langue, pure de tout mélange et n'ayant aucun rapport avec les langues connues. Elle a cela de commun avec le dialecte breton. Il est inutile de chercher à comprendre le basque ; quant à l'idiome béarnais, on peut y arriver, quand on connaît l'espagnol ou même en faisant appel à ce que l'on sait de latin.

Le pays est très fourni de points de vue agréables. D'un côté, les Pyrénées, de l'autre l'océan, et, entre les deux, des vallées et des plaines arrosées par ces jolies rivières qu'on appelle les gaves.

Les Pyrénées ne constituent pas un tableau aussi imposant que je me l'étais figuré. Nous sommes là bien loin des Alpes et de la Suisse.

J'ai voulu voir de près le fameux pic du Midi. Comme forme, c'est un pain de sucre. Une ascension assez pénible m'a conduit jusqu'à un rocher qui le surmonte, et j'ai eu de là un spectacle vraiment intéressant : toute la chaîne des Pyrénées, les vallées françaises d'un côté, espagnoles de l'autre ; les premières, avec leurs ruisseaux et leurs gaves, sont d'un aspect ravissant.

Mais, je le répète, je n'ai emporté de là aucune des sensations durables que m'ont laissées les Alpes et la Suisse.

Je n'ai fait qu'un court séjour à Pau, l'ancienne capitale du Béarn. J'ai visité le château de Henri IV ; au point de vue historique, la visite est assez curieuse ; comme monument, je n'ai rien trouvé à ce château de particulièrement remarquable.

Suivant ma route le long des Pyrénées, j'ai visité Argelès avec un but précis : Lourdes et Luchon.

Je n'ai pas à vous faire connaître le pélerinage de Lourdes, qui a été l'objet d'une infinité de publications et dont les images chrétiennes ont mis le site pittoresque et tous les détails sous les yeux des catholiques du monde entier.

L'affluence y est extraordinaire ; je m'y suis trouvé avec des pèlerins venus de tous les points de l'Europe.

J'en ai emporté pour mes sœurs quelques objets bénits.

J'ai passé un jour à Luchon. Ici aussi le site est agréable, bien choisi pour attirer et retenir la clientèle. Vous savez que Luchon est une station thermale. Inutile, n'est-ce pas, de vous dire les vertus de ses eaux : si tentante que puisse être une saison à Luchon, je souhaite à mes amis de n'avoir jamais à y venir qu'en touristes, comme moi.

Le séjour de Luchon est fort agréable, et l'établissement thermal superbement installé.

A l'entrée du parc de la ville — un très beau parc où j'ai délicieusement erré — s'élève la statue du surintendant d'Etignies, le fondateur de la station.

J'ai fait, aux environs de Luchon, une excursion dans la montagne jusqu'à un village qu'une avalanche détruisit il y a trois siècles, en ne laissant debout que son église et son clocher. L'église et le

clocher, restaurés, sont toujours debout, et autour
d'eux le village s'est rebâti.

On vante beaucoup le son du cor dans les montagnes de la Suisse ; j'ai entendu ici la chanson des
cloches descendre du village vers la vallée, ce n'est
pas moins émouvant.

Si près de l'Espagne, j'y risque une reconnaissance jusqu'à Barcelone.

> Avez-vous vu dans Barcelone
> Une Andalouse au sein bruni ?

Je ne dirai pas que toutes les femmes de Barcelone méritent les vers d'Alfred de Musset, mais je
reconnais qu'elles sont généralement jolies. On me
dit que la véritable beauté, la fine fleur andalouse
se trouve à Séville : je n'ai pas eu le temps d'y aller
voir.

Barcelone est une grande ville de deux cent
cinquante mille habitants et un des ports les plus
importants de l'Espagne, sinon le plus important.

Barcelone s'éveille tard ; elle n'est bien vivante
que l'après-midi et surtout le soir à l'heure des
plaisirs et des théâtres.

A propos de théâtres, j'ai visité le Lyceo, où se produisit le premier attentat anarchiste en Espagne. Depuis, les chevaliers de l'anarchie et du néant ont recommencé leurs prouesses en s'attaquant aux processions. Barcelone semble être leur lieu préféré de rendez-vous, et je ne crois pas que cette ville en soit plus fière pour cela.

J'ai parlé de processions. Ces manifestations extérieures du culte sont communes en Espagne et l'on y déploie un apparat quelque peu théâtral qu'on ne voit que dans ce pays. Je confesse, d'ailleurs, que les Espagnols m'ont paru exagérés dans leurs pratiques religieuses. Cela dit sans vouloir blesser leur foi, qui est la mienne...

Rentré en France, je vais faire un tour à Tarbes. J'y visite un marché aux chevaux. Vous vous serez peut-être aperçus de ma passion pour ces nobles bêtes.

J'ai assez parlé de Farandole pour n'avoir plus rien à dire des qualités des chevaux tarbais. A côté des chevaux, je dois signaler les magnifiques chiens de bergers dont la race est rigoureusement entretenue dans ce pays.

Je suis allé voir la fameuse Brèche de Roland.

Ce que les montagnards appellent la « Brèche de

« Roland, est une coupure d'une centaine de mètres de hauteur et d'autant de longueur dans la crête des rochers du cirque de Gavarnie. D'après la légende, Roland, neveu de Charlemagne, voulant s'ouvrir un passage, aurait, d'un coup de sa large épée, fait cette coupure...

Je remonte vers Toulouse. L'ancienne capitale du Languedoc a une réputation de grâce qui m'attire. Elle a un grand passé historique ; comme Aix en Provence, elle a été la ville gâtée des Muses et elle est restée la cité de la poésie et des arts. Elle a encore, bien vivante, son Académie des Jeux Floraux, fondée par Clémence Isaure, et une foule de Sociétés artistiques.

On chante beaucoup à Toulouse, comme d'ailleurs dans tout le Midi ; j'y ai entendu des chœurs d'une belle sonorité. Encore que j'aie dans l'oreille les incomparables exécutions de nos Sociétés belges, j'ai plaisir à rendre hommage au goût musical de ces populations méridionales.

La ville de Toulouse m'a beaucoup plu et j'ai vraiment admiré la Garonne et ses bords d'une luxuriante fertilité. Beaux pays, incontestablement, où la vie doit être fort douce.

Mais — l'ai-je déjà dit? — mes préférences restent pour notre pays du Nord, où le soleil est plus rare, où la vie est moins facile. Quelque chose me gâte ce Midi que j'adore comme touriste, c'est son esprit si différent du nôtre, ce caractère de vivacité qui ne saurait aller sans quelque légèreté, et cette rage de parler et de crier, alors qu'il faudrait se taire et réfléchir...

On a trop d'imagination dans le Midi, et c'est toujours la folle du logis.

Je retourne à Bruxelles.

ALLEMAGNE

Allemagne

C'est pendant l'hiver de 1893 que j'ai visité l'Allemagne.

Ma première visite fut pour Berlin où je me rendis directement de Bruxelles.

Je ne sais pas d'exploitations de chemins de fer mieux outillées et plus correctes qu'en Allemagne. Outre que le matériel est d'un confortable bien compris, le service est d'une précision toute militaire. On sent d'ailleurs, dès qu'on met le pied dans ce pays, l'influence d'une discipline qui ne laisse place à aucun désordre. Tout y est organisé avec force et tout y est prévu.

Le caractère allemand se prête fort bien à cette organisation méthodique, à cette régularité militaire. L'Allemand aime à se sentir gouverné ; il a, d'ailleurs, le respect inné de l'autorité. Très attaché à son sol, ayant au plus haut point le culte de la patrie, il a aussi au même degré le respect de celui qui préside aux destinées de l'Allemagne.

L'impression qu'on ressent en arrivant à Berlin, par une journée d'hiver, n'est rien moins qu'heureuse. Outre qu'il y fait très froid, bien plus froid qu'à Bruxelles, il y règne un brouillard assez désagréable.

J'arrive par la porte de Brandebourg, une porte monumentale qui doit avoir maintenant son siècle d'existence. Elle fut bâtie sur le modèle des propylées d'Athènes et est surmontée du quadrige de la Victoire. L'effet en est assez imposant.

Je m'installai dans un hôtel de l'avenue Unter der Linden (sous les Tilleuls). Vous savez que c'est là une des beautés, sinon la principale, de Berlin. Cette avenue célèbre en Allemagne et réputée à l'étranger, est, comme son nom l'indique, plantée de quatre rangs de tilleuls entremêlés de marronniers; quand les tilleuls meurent, on les remplace par des marronniers. Elle a un kilomètre et demi de longueur sur une largeur d'environ cinquante mètres. Bordée de beaux édifices, palais, hôtels, grands et élégants magasins, elle ne m'a paru manquer que d'anima-

tion pour être une des plus belles promenades de
nos capitales européennes.

A noter, dans cette avenue, le monument de Frédéric le Grand, dont la statue et les bas-reliefs du
piédestal ont une réelle valeur artistique.

La place de l'Opéra, qui termine l'avenue, réunit
les principaux édifices de Berlin : le Palais de l'Empereur ; l'Opéra ; la Bibliothèque royale en face,
l'église Sainte-Edwige, une copie du Panthéon de
Rome ; l'Université, le Corps de garde, le Palais du
Kronprinz ; enfin, l'Arsenal où sont le musée d'artillerie et la galerie des Gloires. Ce monument m'a
paru entre tous intéressant. C'est l'œuvre de
Schlüter, à qui l'on doit aussi une autre curiosité
de Berlin, le Château-Royal ou Vieux-Château. Il
y a là une cour, la deuxième, entourée d'arcades
de trois côtés, qui est un pur chef-d'œuvre d'architecture. J'ai pu visiter l'intérieur du château. Il est
admirablement décoré et abonde en merveilles artistiques.

En dehors de ses monuments, Berlin offre l'aspect uniforme des jeunes villes. Non que la capitale
de l'Allemagne soit précisément bâtie d'hier, mais
c'est, pour sa plus grande partie, une ville essentiellement moderne qui s'agrandit et se transforme
ous les jours dans le sens de notre modernité. A

côté de ses monuments, elle a des édifices grandioses et des constructions particulières marquées
du souci de faire grand et beau. Incontestablement,
Berlin est appelée à devenir une des plus grandes
villes de l'Europe.

Par sa situation au bord de la Sprée, elle a été
de tout temps un centre commercial ; en se déve-
loppant, elle a pris la tête du commerce allemand
et l'on y a vu se développer un foyer industriel tel
qu'on en chercherait vainement un plus ardent en
Europe.

C'est merveille comme l'industrie allemande a
grandi depuis trente ans. A l'heure actuelle elle
rivalise avec les deux nations les plus favorisées
sous ce rapport : l'Angleterre et la France, et cette
lutte industrielle tourne souvent à son avantage.
Savez-vous — cette note a sa saveur — que l'Allemagne importe du coton en Angleterre ?

Si l'on va au fond de ce développement magnifique, si l'on cherche la raison de ce progrès continu, on revient à cette organisation méthodique,
militaire, dont je parlais au début de ce chapitre,
à cette discipline qui préside à tout, et l'on s'in-
cline devant le caractère réfléchi, laborieux et te-
nace de cette Allemagne chez qui la puissance des
armes n'a d'égale que la volonté d'utiliser la paix

en vue des triomphes commerciaux, industriels et scientifiques à obtenir encore.

Qu'on me pardonne cette digression : ce que je viens de dire, je l'ai entendu proclamer par des voyageurs de toute nationalité, des Français comme des Anglais. Je ne sais pas de plus bel hommage à rendre à ce pays.

Je redeviens touriste et je regarde les curiosités.

Voici, dans le Thiergarten, la colonne de *la Victoire*, entourée de beaux groupes, *le Départ* et *le Combat*.

Frappante antithèse, voici, à côté, le monument élevé à la Poésie dans la personne de l'immortel Gœthe ; autour de la figure principale, trois figures allégoriques, la Poésie, la Science et la Tragédie.

Voici les musées royaux et la galerie Nationale ; cette dernière presque récente, elle date de 1876. Comme édifices, ils n'ont rien de transcendant, mais ils contiennent de véritables beautés et d'incontestables chefs-d'œuvre. La galerie des Antiques a groupé des richesses de premier ordre, notamment des morceaux tirés des ruines de Pergame. La collection des médailles est très belle. La sculpture y appartient aux maîtres florentins qui y sont représentés par des statues et des bustes de haute valeur. Quant à la peinture, on a réuni là tout ce que l'Allemagne possédait de meilleur et de plus beau.

Je dois signaler encore le musée des Arts Industriels, créé sous les auspices de l'impératrice Frédéric, à l'époque où la mère de l'empereur actuel n'était encore que la Princesse Impériale.

Le Prince Impérial, qui devait être l'empereur Frédéric, avait eu cette vision d'une Allemagne triomphante, comme ailleurs, dans les arts, l'industrie et le commerce. Son fils aura tout fait pour réaliser cette noble vision.

Son fils, l'empereur Guillaume, est une des plus belles figures des temps actuels. J'ose le dire et beaucoup le pensent tout bas. Il est à la fois la tête et le bras de l'Allemagne, et rien de ce qui intéresse, je ne dis pas seulement son peuple, mais l'humanité, ne lui est étranger.

On avait cru un instant que la mise à la retraite du prince de Bismarck nuirait à la fois à la popularité du jeune empereur et à la fortune de l'Empire. On s'aperçoit qu'il n'en a rien été. L'Allemagne n'a jamais été aussi prospère ni mieux menée que de nos jours, et elle adore son souverain.

J'ai vu l'empereur Guillaume suivre à cheval le

boulevard, et il m'aurait fallu être aveugle et sourd
pour ne pas être convaincu.

Il faut que je revienne à l'esprit militaire; il
règne à Berlin sans conteste. Le bourgeois lui-
même a l'air et l'allure du soldat. Je ne dirai pas
que ce cachet de raideur soit fait pour plaire, mais
je constate ce qui m'a frappé. Aussi bien cette raideur est plus marquée à Berlin que dans le reste de
l'Allemagne. Le caractère berlinois diffère sur certains points du caractère germanique; ailleurs on
a plus de simplicité et une humeur plus facile.

Faut-il vous parler de la femme allemande? Je
résumerai mes impressions d'un mot, peut-être
irrévérencieux mais sincère : elle manque de grâce.
En revanche, elle a deux qualités qu'on ne saurait
trop apprécier : la douceur et la simplicité.

J'ai fait une visite à Postdam, l'ancienne résidence
de Frédéric le Grand qui y fit bâtir le château de
Sans-Souci et le Nouveau-Palais. Ses appartements
sont restés tels qu'il les a habités. On voit encore
dans la bibliothèque son bureau et son pupitre
à musique.

Le site de Postdam est admirablement choisi :
c'est une île charmante au milieu de bois touffus.

Le parc de Sans-Souci est de toute beauté.

J'ai visité également Charlottembourg, la ville
des brasseries. Je n'y ai vu de curieux que le Château et son jardin ; ce dernier a été dessiné par Le
Nôtre : c'est vous dire qu'il date de bientôt deux
siècles.

En vérité, les environs de Berlin n'ont rien de
remarquable. Ce qui m'y a paru le plus intéressant, c'est ce développement industriel que je me
suis plu à souligner. C'est ainsi que je signalerai
avec plaisir la manufacture royale de porcelaine,
dont la création remonte à 1761 et les innombrables brasseries qui fournissent à la ville et à une
partie de l'Allemagne la boisson nationale. A noter
parmi les produits de ces brasseries, la bière
blanche, essentiellement berlinoise, et que je ne
connaissais pas avant de visiter Berlin.

De la capitale de l'Empire allemand, je me suis
dirigé sur Dresde, la capitale du royaume de Saxe.

Bâtie sur les rives de l'Elbe, dans un site plus
que joli, réellement beau, Dresde est, de toute l'Allemagne, la ville que je préférerais habiter. C'est
que, en dehors des beautés naturelles de cette ville,
et des richesses artistiques qu'elle possède et qui

attirent chez elle une foule de touristes, Dresde a,
par le caractère de sa population, quelque chose
qui la rapproche de nous. J'ai parlé, au chapitre de
Londres, des affinités qui existent entre le tempé-
rament anglais et le nôtre ; peut-être sont-elles plus
sensibles entre le Saxon et le Belge.

J'ai lu quelque part que Dresde était la patrie
du rococo, entendez par là ce style vieilli dont les
préciosités font aujourd'hui sourire. Il n'est pas
niable que quelques édifices portent la marque de
ce style; mais à côté que de beautés, quelle dépense
de grand art ! Est-ce du rococo, cette terrasse de
Crhül, une des plus aimables promenades qu'il
m'ait été donné de faire? Et le Château, avec sa
salle de bal ornée de fresques admirables et sa chapelle décorée de tableaux de maîtres célèbres, tels
que le Guide et Carrache? Et le théâtre de la Cour,
ce modèle de style renaissance? Et le Musée, avec
sa galerie de peinture qu'on met communément au
premier rang des galeries de l'Europe, son musée
qui possède, entre autres merveilles, la divine ma-
done de Raphaël?

Je ne saurais oublier que Dresde, dans le domaine industriel et dans ce que ce domaine a de
plus artistique, est le berceau de la porcelaine.

Mais je m'oublie à rompre des lances en faveur

de Dresde, alors que je pouvais me borner à dire
que je m'y suis infiniment plu et que, plus que
dans n'importe quel autre pays, je m'y suis senti
chez moi, ce qui est l'idéal du voyageur. Aussi bien
je ne suis pas seul à apprécier le séjour de cette
jolie capitale : pendant l'été, Dresde est le rendez-
vous d'une foule d'étrangers.

Je ne crois pas me tromper; la capitale de la
Saxe est un fort aimable séjour, et elle doit la vogue
dont elle jouit à des causes naturelles : la beauté de
son site et la vie que le caractère de ses habitants
vous y rend douce et facile.

Je ne pouvais quitter Dresde sans visiter, dans
ses environs, cette Suisse saxonne d'une si pittoresque beauté.

A contempler ces masses rocheuses, ces gorges
sauvages, le tableau grandiose de cette autre Suisse,
je me suis cru retourné dans la véritable.

Voici, par exemple, la gorge d'Uttervald, où le
soleil ne luit jamais, tant les cimes des rochers
qui la forment sont rapprochés. Je vous signale ici
la Cuisine du Diable, une grotte en forme de che-
minée (Teufels-Küche).

Vous parlerai-je de la Bastei, ces rochers à pic
d'où l'on découvre le cours de l'Elbe? De la cascade

de Lichtenkeim? Du grand Winterberg, que couronne une tour d'où l'on peut voir, avec les montagnes de la Saxe, celles de la Bohême et de la Silésie?

Dans une autre direction, je suis allé voir Bautzen et son champ de bataille de 1813.

La Saxe a aussi ses grands souvenirs historiques; je ne puis m'engager dans cette voie, elle me ferait perdre de vue mon rôle de touriste et m'entraînerait trop loin.

Une ville délicieuse, c'est Stuttgard; la capitale du Wurtemberg, tout entourée de collines où poussent de belles vignes et que couronne l'épaisse verdure des bois, est coupée en deux par la rue Royale (Kœnigstrasse). Excusez-moi de citer volontiers les noms allemands; je connais, comme une langue maternelle, la langue allemande, et je n'ai eu qu'à m'en féliciter dans mes voyages.

Comme toutes les grandes villes de l'Allemagne, Stuttgard a, entre autres monuments et édifices curieux à visiter, un Musée des Beaux-Arts très remarquable; j'y ai vu un Paul Véronèse, un Titien,

des Rembrandts, un Rubens, un Van Dyck, un
Murillo, un André del Sarte...

J'ai beaucoup admiré le Stadtgarden (Jardin
public), et j'y ai assisté à un concert qui m'a ravi.

Dans les environs de Stuttgart, j'ai vu Cannstatt,
la station thermale, et l'ile du Neckar, entre Cannstatt et Berg.

Tout près, sur une hauteur, j'ai visité la villa
romaine du Rosenstein et, au pied, le château
moresque de Wilhelma.

A Stuttgart, j'ai pris le train pour Munich.

Ici, le tableau change. La capitale de la Bavière
ne saurait prétendre à passer pour une jolie ville ;
elle est, sous ce rapport, bien inférieure à Dresde
et à Stuttgart surtout. Elle a pourtant de superbes
constructions, elle a été longtemps le foyer artistique de l'Allemagne et, pour la peinture, elle tient
encore la tête des villes de l'Empire allemand,
comme l'attestent ses nombreux musées et ses
expositions des Beaux-Arts.

Vous attendez sans doute que je vous parle de
cette bière de Munich, célèbre dans le monde entier.
Permettez-moi de remarquer que, par toute l'Allemagne, la bière est excellente et que ce n'est pas
seulement dans la capitale de la Bavière qu'on

fabrique la boisson qui nous est servie à l'étranger
sous la dénomination de bière de Munich.

Cela dit, j'ai bu de la bière de Munich, à Munich.
Ai-je besoin de vous dire qu'elle est bien supérieure
à la même bue à l'étranger? On m'a expliqué que
le voyage lui enlève de ses qualités.

Je termine comme j'ai commencé : en dépit de
sa bière délicieuse et de ses richesses artistiques,
Munich ne m'a plu qu'à moitié.

J'ai visité également Coblentz, Mayence et Wiesbaden.

Wiesbaden, c'est l'ancienne ville d'eaux déjà
connue des Romains. Mayence, encore une ville
romaine, est la place forte dans toute son accep-
tion, et j'en dirai autant de Coblentz.

Ce que je cherchais dans ces villes, c'étaient les
bords du Rhin, ces bords célèbres, ici burinés
dans l'histoire par le canon, là imposés par leur
beauté même. Je les ai suivis jusqu'à Strasbourg ;
j'ai vu se mirer dans le flot du fleuve ces châteaux
et ces cathédrales dont parlent les poètes — et je
souscris à tout ce qu'ont dit ces derniers.

Strasbourg !
Je vais sans doute réveiller de cuisants regrets

chez nos amis de France, à dire les beautés de l'ancienne capitale de leur Alsace, devenu le chef-lieu du gouvernement allemand de l'Alsace-Lorraine.

Qu'ils me pardonnent. Je suis un voyageur qui passe et qui raconte ce qu'il a vu.

Depuis l'occupation allemande, Strasbourg est devenu une place forte de premier ordre. L'Alsace tout entière, d'ailleurs, a l'air d'un vaste camp.

La vérité m'oblige à dire que l'aspect de Strasbourg n'est pas du tout celui d'une ville morte ; il y règne une grande animation, même en dehors du va-et-vient des troupes qui composent la garnison. La ville m'a paru riche et prospère.

J'ai visité la cathédrale, un des chefs-d'œuvre de l'art gothique et me suis fort amusé à regarder, sur le coup de midi, les figures qui décorent son horloge astronomique se mettre en mouvement. Cette horloge m'a rappelé, en plus compliquée, celle que j'ai vue à Berne, l'horloge des Ours. La flèche de cette cathédrale — cent cinquante-deux mètres de hauteur — m'a donné quelque peu le vertige.

Une des plus belles places de Strasbourg porte encore un nom français : c'est la place de Broglie ;

elle est très animée et c'est là que la musique militaire donne ses concerts.

Une autre place qui a gardé également son nom
bien français, c'est la place Kléber, décorée d'une
statue en bronze du général.

J'ai fait deux excursions aux environs de Strasbourg : à Kehl, pour voir le Rhin dans sa large
beauté, et au mont Sainte-Odile, où sont le couvent
et le but d'un pèlerinage fréquenté de toute l'Alsace.

J'ai parcouru la province, visité Schlestadt, Sainte-
Marie-aux-Mines, Colmar et Mulhouse, le grand
centre manufacturier. C'est là que j'ai vu, pour la
première fois, des cités ouvrières, véritables cités,
en effet, exclusivement habitées par des ouvriers.

Arrivé là, la tentation m'est bien venue de visiter
les Vosges et le Jura ; mais je me suis laissé en-
traîner à revoir la Suisse, à faire encore un séjour
à Genève, décidément ma ville de prédilection.

Et puis, j'ai mis dans mon programme de me
rendre à Vienne et à Buda-Pesth.

Pour les Vosges et le Jura, ce n'est que partie
remise.

AUTRICHE-HONGRIE

Vienne est l'une des rares villes où une Parisienne puisse se dire : « Après tout, s'il me fallait l'habiter, je n'en mourrais pas ! »

L'opinion que je viens de transcrire n'est pas de moi, je l'ai empruntée d'un tableau de Vienne signé de Mme Juliette Adam ; mais, encore que je sois mal placé pour traduire les goûts des Parisiennes, je la contresigne volontiers pour ce qu'elle me paraît avoir de flatteur à l'adresse de la capitale de l'Autriche.

Une jolie ville ? Oui.

Animée, élégante, amoureuse des distractions et des plaisirs, cultivant le beau sous toutes les formes ? Oui encore.

Paris alors ?

Je crois qu'à cette question les Viennois eux-

mêmes répondraient que Vienne ne vaut pas Paris,
qui exerce sur eux une irrésistible attraction.

Et pourtant Vienne a son beau « Danube bleu »,
bien plus beau que la Seine; Vienne a un cadre
superbe de montagnes, et Paris n'a que des buttes;
Vienne a des monuments, des palais, des édifices
grandioses; il a le Prater, il a des théâtres célèbres,
de la musique à résonner tout entière comme une
lyre; il a le luxe, les toilettes, les équipages...

Vienne est Vienne et Paris est Paris. Ne cherchez
pas pourquoi Paris tient la tête : c'est Paris.

La capitale de l'Autriche remonte, comme origine,
à l'époque celtique. Antérieure par sa fondation à
notre ère, elle a connu la domination romaine;
c'est là que l'empereur Marc-Aurèle vint mourir...

Mais je m'aperçois que je vous fais un cours
d'histoire. Venons vite aux temps modernes, à la
capitale de l'Empire d'Autriche-Hongrie — et aux
impressions que j'y ai recueillies.

Il règne à Vienne une bonne humeur, une légèreté d'esprit comme on n'en voit qu'à Paris. Est-ce
que réellement la jolie ville aurait encore, dans les
veines de ses enfants, ce sang celtique qui fut celui
de la Gaule et dont Paris a hérité?

Autre point de ressemblance : comme celle de Paris, la population de Vienne est composite. Le Viennois pur est presque aussi rare que le Parisien de Paris ; il est le résultat d'une succession de croisements qui le font participer de toutes les races composant l'Empire et le chargent à la fois des qualités et des défauts de ces races.

Ses qualités? Elles lui viennent de l'esprit et du cœur ; il est poli, artiste et brave.

Ses défauts? Autant que j'ai pu en juger, ce sont des défauts presque aimables, l'amour du plaisir, de la musique, de la danse, surtout de la valse, peut-être un peu de légèreté enfantée par le brillant de l'esprit, une grande vivacité et une certaine mobilité.

Pour les femmes, j'ai trouvé que les Viennoises ont beaucoup de traits communs avec nos Bruxelloises. Elles ont de l'esprit, aiment le brillant, s'habillent avec un goût assez fin ; ce n'est pas ce qu'on est convenu d'appeler le chic parisien, mais c'est quelque chose qui en approche beaucoup.

Il y a, à Vienne, une classe qu'il faut mettre à part, comme elle s'y met elle-même : c'est l'aristocratie. Nulle part le fossé n'est aussi profond, entre l'aristocratie et le reste de la population, qu'à Vienne.

Je m'empresse de dire que cette classe, pure de toute mésalliance et défendant son seuil comme une hermine sa robe blanche, représente aussi l'élégance, la distinction et l'esprit dans ce qu'ils ont de plus raffiné.

Très attachée au souverain qu'elle considère comme le premier d'entre les siens, elle adore la cour et ses bals somptueux et animés, tels qu'aucune autre cour n'en offre de pareils.

De son côté, l'empereur François-Joseph aime sa fidèle noblesse et la comble de ses faveurs. Nulle cour n'est aussi fermée que la cour de Vienne : il faut, pour y être reçu, montrer ses quartiers au complet.

Je descendis à Vienne chez mon cousin E. de C*** M***, secrétaire de légation. Présenté par lui à Son Excellence le ministre de Belgique, le baron de B***, je fus honoré d'un fort aimable accueil et invité à dîner. Je terminai ma soirée au théâtre où j'assistai à une brillante représentation du ballet *Excelsior*.

Une remarque : à partir de dix heures du soir, tout est endormi à Vienne.

Le lendemain, je partais en excursion à travers la ville.

Excursion facile et agréable, Vienne n'est ni trop vaste ni trop compliquée. Et puis, il y a des cochers modèles, de véritables artistes dans la partie. Ils conduisent avec une incomparable maestria ; avec eux, vous êtes sûr d'arriver vite et sans accroc. Ils ont d'excellents chevaux, des trotteurs hongrois qui ont à la fois le fond et l'allure.

La cathédrale Saint-Étienne, admirable monument gothique, est le premier des monuments de Vienne.

L'extérieur, avec sa porte des Géants qui ne s'ouvre que dans les grandes solennités, et les deux tours dites des Païens, est des plus imposants.

L'intérieur est une croix latine à trois nefs ; il est peuplé de monuments et de statues. J'ai admiré, dans le chœur de Notre-Dame, le monument du fondateur de Saint-Étienne, le duc Rodolphe IV de Habsbourg.

J'ai monté à la tour Saint-Étienne : du haut de cette tour — elle a cent trente-six mètres de hauteur — le gardien me montra les champs de bataille de Wagram et d'Essling.

Après la cathédrale, je citerai comme églises : l'église des Augustins où se trouve le tombeau élevé par l'impératrice Marie-Thérèse à sa fille Marie-

Christine; le monument, en marbre très pur, est
de Canova; l'église des Capucins où sont les tombeaux de la famille impériale : là reposent Marie-
Thérèse, Marie-Louise, femme de Napoléon Ier, le
duc de Reischtadt, son fils, l'infortuné Maximilien, mort empereur du Mexique, l'archiduc Rodolphe.

Il y a encore l'église nationale de Bohème Sainte-
Marie-de–la-Grève, l'église des Minorites, petite et
coquette, l'église Saint-Michel, qui est la préférée
de la noblesse viennoise.

Les églises visitées, il faut voir le château impérial, le Burg. Comme édifice, il n'a rien que d'ordinaire, mais il renferme des merveilles : le Trésor
et la Bibliothèque.

Au Trésor, j'ai vu une coupe incrustée de pierres
précieuses, laquelle vient de Charles le Téméraire,
les reliques du Saint-Empire, le sabre de Haroun-
al-Raschid, un collier de la Toison d'or orné du
fameux solitaire de Francfort.

La Bibliothèque contient plus de quatre cent
mille volumes, vingt mille manuscrits et d'innombrables estampes. Dans les collections de manuscrits, s'en trouve une de manuscrits orientaux
dont on ne saurait apprécier la valeur. J'ai vu là le

livre d'heures de Charles-Quint et un psautier imprimé par Schæffer et Fust, les pères de l'imprimerie, ainsi qu'une édition de 1430 de la Bible des
pauvres.

Il n'y a qu'à suivre les grandes voies de Vienne
pour voir ses principaux monuments. Ces voies
sont longues et fort belles. La Ringstrasse est un
des plus splendides boulevards que j'aie vus dans
tous mes voyages.

Voici, sur le Franzensring, la nouvelle Université, vaste édifice carré avec un portique décoré de
remarquables sculptures ; le nouvel Hôtel de ville,
qui ressemble à un palais italien de la grande
époque ; il est tout peuplé de statues et surmonté
d'une tour de trois cents pieds ; le Théâtre de la
Cour, monument renaissance d'un bel aspect.

Ce grand palais, c'est le Parlement, la Chambre
des seigneurs et la Chambre des députés. Le péristyle en est magnifique et les peintures qui décorent
ses murs ont une grande valeur historique.

Cet autre, c'est le Palais de Justice ; voici les deux
musées, intéressantes constructions dans le style
de la fin de la renaissance où l'on a prodigué les
statues : Apollon, Minerve, la figure de l'Architec-

ture, celle de l'Art industriel, et des artistes, des naturalistes...

L'Opéra est splendide. Son escalier vaut largement celui de l'Opéra de Paris. Le foyer est un bijou. La salle est très riche et peut contenir trois mille spectateurs.

Non loin de l'Opéra, s'élève l'Académie des Beaux-Arts. J'ai visité son musée des plâtres et sa galerie de peinture supérieurement fournie de chefs-d'œuvre de l'école hollandaise.

Parlons des parcs publics, promenades favorites des bourgeois et du peuple de Vienne. Ils sont nombreux et élégants et bien entretenus. C'est d'abord le Volksgarten, le jardin du peuple, où l'orchestre du célèbre Strauss donne ses concerts de printemps et d'été; puis l'Augarten et le Stadtpark (Parc de la ville), tout verdoyants, avec des lacs et des îles...

Le Prater, que j'ai nommé au début de ce chapitre, est célèbre en Europe, je pourrais me dispenser d'y revenir. Mais sa grande allée m'a laissé une telle impression! J'ai vu passer là tout le beau monde de Vienne prenant part à cette promenade du Corso où s'arborent les toilettes nouvelles, où se produisent les beaux équipages. C'est une véritable exposition de ce que Vienne compte d'élégance et de richesse.

Cela, c'est le Prater du beau monde, je l'ai dit ; mais il y a aussi, dans une autre partie du Prater, le Wurstelprater, le Prater de Polichinelle, abandonné au peuple qui y trouve toutes sortes de divertissements.

Je ne saurais quitter Vienne sans parler de l'armée.

Elle n'a plus, extérieurement, au point de vue de l'uniforme, le brillant d'autrefois. Pour l'infanterie, on a remplacé la casaque blanche par la tunique bleu foncé, et les grands manteaux blancs de la cavalerie ont aussi disparu. J'estime que ces changements ont un côté pratique qui doit empêcher de regretter l'éclat des anciens uniformes. Ici, comme en d'autres pays, on a dû s'inspirer de l'exemple de l'Allemagne.

J'ai vu défiler des régiments. L'infanterie paraît solide et bien entraînée ; quant à la cavalerie, elle est admirable.

Quelques mots des environs de Vienne : Schœnbrün, Hietzing, la Brühl, Laxenbourg, Baden, Kahlenberg...

Schœnbrün, le quartier général de Napoléon Ier en 1805 et 1809, devait voir mourir le fils du vainqueur, dans la chambre même où le père avait dormi sur ses lauriers ! L'histoire a de durs retours.

Le château a l'aspect aimable d'un château de plaisance ; les jardins sont délicieux. Du haut de la colline, qui porte un joli nom : la Gloriette, on a une belle vue de Vienne.

Tout près, c'est Hietzing, la ville de plaisance par excellence ; ce ne sont que maisons de campagne, villas, chalets, restaurants riches. Sur la grande place de Hietzing, j'ai salué la statue de Maximilien, empereur du Mexique.

La Brühl est une vallée profonde dans laquelle l'art et la nature se sont entendus pour réaliser d'adorables paysages, et tout le pittoresque que recherche le touriste. Il y a même des ruines, mais des ruines artificielles élevées par les soins de la famille de Liechtenstein, à qui appartient la Brühl.

Laxenbourg est un château impérial, avec parc, chapelle gothique, monuments, tombeaux, statues. La visite en est curieuse.

Je me suis attardé à Kahlenberg. Cette excursion

est des plus intéressantes : on prend le petit chemin
de fer de montagne, tout pareil à celui du Righi,
et l'on arrive sur le plateau d'où l'on découvre
Vienne, la plaine de la March, et, dans la brume
lointaine, les Karpathes et les Alpes de Styrie... La
vue est splendide.

Enfin, je me suis arrêté à Baden, un séjour
connu et apprécié.

Baden a deux curiosités à offrir aux voyageurs :
le mont Calvaire, une ascension d'un quart d'heure
pour arriver à un point de vue assez beau, et la
vallée de Sainte-Hélène, une promenade des plus
agréables.

Baden jouit d'une réputation méritée ; j'y serais
resté quelques jours avec plaisir, mais j'avais
hâte de pousser plus loin, jusqu'à Buda-Pesth.

Je me résume.

Vienne m'a enchanté ; c'est une capitale élégante,
polie, fertile en plaisirs. La vie y est aimable, cap-
tivante même ; je ne ferai qu'une réserve : elle est
un peu coûteuse... Mais n'est-ce pas là un incon-
vénient nécessaire, dans une ville qui tire le mieux
de son cachet de son élégance même ?

Buda-Pesth

Je suis allé de Vienne à Pesth par le Danube.

Douze heures de trajet, mais quel charmant voyage! Quelles jolies rives et que ce fleuve mérite bien d'être appelé le beau Danube bleu!

Vous savez que Pesth et Buda ont été, jusqu'à 1873, deux villes distinctes. Réunies à cette époque sous le nom de Buda-Pesth, elles ont formé la capitale de la Hongrie; elles sont reliées par un pont suspendu et deux ponts de fer. Le pont suspendu est d'une étonnante grandeur.

En face de ce pont, s'élève l'Académie de Pesth, belle construction renaissance dont le vestibule, orné de colonnes de marbre de diverses couleurs, est d'une élégance peu ordinaire.

Les séances de l'Académie se tiennent au premier étage; aux étages supérieurs, c'est le Musée de peinture, un musée absolument remarquable. Buda-Pesth est un foyer intellectuel et un centre artistique auxquels il faut rendre hommage.

Sur la place, à l'est de l'Académie, se dresse une statue équestre de l'empereur François-Joseph. Ici commence le quai François-Joseph, magnifique mais interdit aux voitures.

Toujours en allant vers l'est, une grande construction entièrement neuve attire mes regards : c'est la Redoute, où se donnent les fêtes, les bals, les concerts. Tout l'intérieur de l'édifice est richement décoré; aux murs se développe en fresques remarquables l'histoire de la Hongrie; mais la partie la plus soignée, c'est la salle de bal. Ici, comme à Vienne, on aime la danse.

C'est là, ai-je dit, une construction neuve. A part les églises, tous les édifices, ou à peu près tous, sont dans le même cas; beaucoup sont postérieurs à 1870, les autres ne remontent pas au delà de 1840. Ainsi les deux Hôtels de ville, le vieux qui date de 1844, surmonté d'une tour assez curieuse, et le nouveau élevé de nos jours, dans le style de la renaissance, avec escalier monumental et vastes salles. Ainsi la Douane et le nouvel Abattoir que j'ai entendu citer comme un établissement modèle.

Parmi les églises, j'ai distingué l'église grecque, dont le portail en marbre rouge est d'un effet point banal, et l'église paroissiale, en style gothique, du commencement du xvie siècle.

Les musées sont assez curieux : ce sont le Musée
agricole — il y a aussi un Jardin botanique très fréquenté — le Musée pédagogique et le grand Musée
national où l'on retrouve, en collections remarquables, toute l'antiquité hongroise.

La Diète tient ses séances au Palais des états,
édifice renaissance, construit de 1860 à 1866. Aux
alentours, l'École polytechnique, divers instituts,
le Théâtre national et la Synagogue, construction
mauresque qui mérite une visite.

Sur une place, j'ai remarqué une assez belle
statue de l'archiduc Joseph, palatin de Hongrie
jusqu'à 1847. C'est à l'archiduc Joseph que Pesth
doit la délicieuse promenade de l'île Sainte-Marguerite, dans le Danube : l'île, grâce à l'initiative
de l'archiduc et aux millions qu'il jeta là, fut transformée en un lieu de plaisance absolument charmant. Beau parc, hôtels, villas, concerts tziganes,
rien n'y manque. L'île possédant une source d'eau
sulfureuse, il y a même un établissement de bains.

Pesth n'a pas que le parc de Sainte-Marguerite ;
son Stadtwœlchen est un petit Prater très agréable.
A signaler également le Jardin zoologique que j'ai
visité avec plaisir.

J'ai dit que Pesth était un centre artistique. Il a

son Opéra, que j'ai vu inachevé et qui m'a paru
devoir être un fort bel édifice ; son Académie de
musique, sa Maison des Artistes et une École de
dessin très réputée. La Maison des Artistes abrite
une Exposition permanente des Beaux-Arts.

Je passe à Buda par le pont Sainte-Marguerite,
construit, je crois, par un architecte français, dans
tous les cas construction récente, postérieure à la
réunion des deux villes.

Ce qui frappe, tout d'abord, à Buda, c'est la forteresse et le château royal, plantés là-haut sur la
colline qui domine la ville. Non loin de la forteresse, sur la place Georges, se dresse une pyramide
gothique à six faces au pied de laquelle un ange
couronne un guerrier blessé à mort : c'est le monument élevé pour consacrer la mémoire du héros de
la défense contre les Hongrois, en 1849, le général
Hentzi.

Dans cette défense, une partie du château fut
incendiée ; rebâti depuis, ce château que Marie-
Thérèse avait fait construire, est aujourd'hui un
véritable palais.

J'y ai vu, dans une des salles, les insignes du
pouvoir royal, la couronne de Saint-Étienne et le

sceptre, ainsi que le glaive et le manteau du couronnement.

Pour redescendre au Danube, je n'ai eu qu'à suivre le jardin du château, promenade infiniment agréable.

Vous savez que les bains abondent à Buda, où l'on ne compte pas les sources ferrugineuses et sulfureuses. L'établissement le plus remarquable est le Kaiserbad, qui est, je dois le dire, magnifiquement installé. Les salles de bains et les bassins de natation sortent de beaucoup de l'ordinaire. Kaiserbad est, d'ailleurs, le rendez-vous de la bonne société ; j'ai trouvé une foule élégante dans ses jardins-concerts.

Savez-vous quel a été, pour moi, le plus beau spectacle que j'aie goûté à Buda-Pesth? C'est celui que j'avais sous mes yeux de la fenêtre de la chambre que j'occupais à l'hôtel Hungaria : le Danube coulant à pleins bords et sur la rive, en face, le Palais Royal.

Ce tableau qui manque à la beauté de Vienne, car le fleuve contourne la capitale de l'Autriche, Buda-Pesth l'a dans toute sa splendeur.

J'ai constaté une différence notable entre le ca-

ractère hongrois et le caractère viennois. Je laisse
de côté, bien entendu, les distinctions de races et
les divergences de sentiment touchant la politique
de l'Empire austro-hongrois, dont je n'ai pas à
m'occuper.

Ici comme là, on aime la vie du dehors, les
fêtes, les plaisirs artistiques, la musique. — La
musique ! Il est superflu de souligner ce goût dans
ce pays des tziganes, — ces musiciens nés dont
les czardas enflammés galvaniseraient un mourant
— mais il m'a semblé que, chez le Hongrois, ces
penchants naturels avaient quelque chose d'à la
fois plus senti et plus nerveux. Le Hongrois doit
être moins superficiel que le Viennois. Chez le premier, les qualités de distinction, de politesse, d'élégance, n'ont besoin ni de l'éducation, ni de la
mode pour s'affirmer : elles sont innées. Au fond
de tout Hongrois, il y a un petit maggyar, c'est-à-
dire une irrésistible vivacité, une irréductible fierté
native et un bel instinct de magnificence. Ces
grands seigneurs maggyars, à l'extérieur si riche
et si noble, patriotes, jaloux de la supériorité de
leur berceau, incarnent l'âme hongroise.

On aime beaucoup l'armée en Hongrie ; le Hongrois est un bon soldat dans toutes les armes, et
surtout un admirable cavalier. Ai-je besoin de vous

vanter les chevaux de la Hongrie? Il serait difficile
de ne pas aimer de si nobles animaux et la supériorité des Hongrois comme cavaliers s'explique
naturellement.

On y aime aussi la France. A Vienne, on a un
goût prononcé pour Paris, mais je crois qu'on y
considère surtout Paris comme ville de lumières et
de plaisirs. A Buda-Pest et par toute la Hongrie,
on aime Paris et la France pour eux-mêmes, d'un
amour traditionnel que les malheurs de 1870 ont
avivé au lieu de l'abattre.

J'ai parlé des Viennoises : les femmes m'ont
paru moins belles à Buda-Pest qu'à Vienne. Les
Hongroises ne manquent pas d'avoir une certaine
grâce, mais ce n'est pas le charme de la Viennoise.

Je retourne à Vienne où je passe encore quelques jours.

Elle est vraiment pleine d'attraits et fort atta-
chante, cette capitale de l'Autriche. J'ai lu quelque
part, peut-être dans ces pages de Madame Juliette
Adam dont je citais quelques lignes en tête de mon
chapitre, que nombre de diplomates ont pris leur
retraite à Vienne, ce qui équivaut, je pense, à dire

que Vienne excelle à se conquérir et à garder les
étrangers.

Cela n'est pas seulement vrai pour les diplomates, qui sont appelés à connaître surtout le
charme séduisant du monde aristocratique. Les
simples voyageurs se laissent aussi séduire et retenir par le charme réel que dégage cette ville aimable où, pour ma part, j'ai eu la joie de retrouver
quelque chose de Bruxelles et beaucoup de Paris.

HOLLANDE

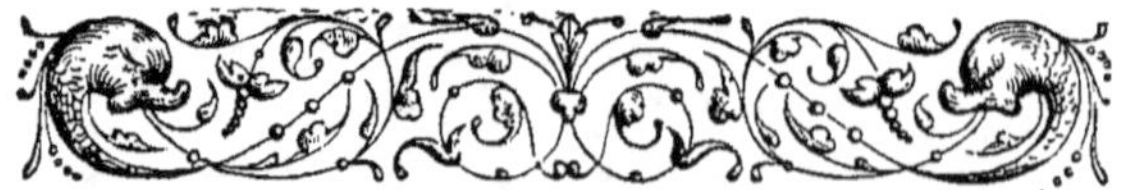

Hollande

Du plus loin qu'il me souvienne de mon enfance, j'ai eu le désir de connaître la Hollande, et surtout sa capitale.

Ce désir, je puis aujourd'hui le réaliser, et, pareil aux enfants à qui l'on a fait longtemps attendre ce qu'ils désirent, je cours tout droit à Amsterdam.

Voilà bien la ville la plus singulière que j'aie pu voir. Bâtie sur pilotis et coupée d'une infinité de canaux, elle a été surnommée la Venise du nord. Mais ce surnom, plutôt glorieux, ne lui vient pas seulement des analogies matérielles qu'elle peut avoir avec l'ancienne reine de l'Adriatique. Les analogies morales sont peut-être plus frappantes encore. A Amsterdam, comme dans l'an-

cienne Venise, l'esprit qui règne, c'est l'esprit
d'indépendance et l'orgueil patriotique, le culte de
la mer et l'amour des arts.

Aussi bien, les analogies matérielles n'existent
qu'à la condition de mettre quelque bonne volonté
à les découvrir. Que peut-il bien y avoir de commun entre l'Adriatique et le Zuiderzée, entre le
ciel de Venise et celui d'Amsterdam, entre une ville
toute de lumière et une cité dont l'aspect premier
nous met du triste dans l'âme !

Après cela, tout comme Venise, Amsterdam a eu
ses jours de gloire, où ses navires dominaient sur
les mers, où son commerce ne connaissait pas de
rival ; elle a été la tête d'une république avec
laquelle Louis XIV lui-même dut compter ; elle
s'est vue, de tout temps, couronnée d'un tel lustre
que Napoléon Ier, après avoir englobé la Hollande
dans l'Empire et fait du pays le département du
Zuiderzée, crut devoir nommer par décret Amsterdam la troisième ville de l'Empire.

Mais je m'attarde autour de considérations qui
sont peu du ressort d'un simple touriste.

Venons à ce que j'ai vu.

Amsterdam est bâtie à l'embouchure de l'Amstel,
dans le golfe de l'Ij, aujourd'hui desséché. Elle tire

son nom de cette rivière; primitivement elle s'appelait Amsteldam, nom qui signifie digue de l'Amstel. Ce mot de *dam*, qu'on retrouve si communément dans les noms de villes hollandaises, veut dire digue. Vous savez que les digues jouent un rôle capital dans l'existence de la Hollande : debout, elles la préservent de l'envahissement de la mer; éventrées, elles l'ont, en de mémorables circonstances, sauvées de l'invasion de ses ennemis.

L'Amstel divise Amsterdam en deux parties, l'ancienne ville et la nouvelle; dans sa course à travers la cité, il change deux fois de nom : du Doelenbrug à la Bourse, c'est le Rokin; de la Bourse à son embouchure, il s'appelait jadis Damzak, mais cette dénomination n'est plus usitée.

Considérée en son ensemble, Amsterdam forme un demi-cercle dont le diamètre est à l'embouchure de l'Amstel et le centre à l'église Oude-Kerk.

On ne saurait entamer le compte rendu d'une visite à Amsterdam autrement qu'en parlant des canaux.

Ces canaux la divisent en une centaine d'îles reliées entre elles par plus de trois cents ponts. Ils sont très beaux et bordés de quais plantés d'arbres;

les maisons qui s'y élèvent sont en briques rouges
et, note particulière, toujours fermées; d'ailleurs
d'une propreté exquise, presque trop propres. Cette
propreté est la qualité maîtresse d'Amsterdam,
comme des autres villes hollandaises. Tous les
jours, l'intérieur des maisons est lavé à grande
eau et, une fois par semaine, il est soumis, avec
tout ce qu'il renferme, à une véritable lessive.

Tous les quartiers d'Amsterdam ne méritent
pas le même compliment. Je vous signalerai, par
exemple, le quartier des Juifs qui est singulièrement malpropre, sans qu'on fasse rien pour y
remédier. Cette malpropreté est connue, elle est
admise, je dirai même qu'elle est respectée des
Hollandais si méticuleux sur ce point pour eux-
mêmes. Leur indépendance d'esprit se complète
d'un esprit de tolérance que beaucoup de pays
dits de liberté ne sauraient revendiquer.

Ici, comme partout, les Israélites sont commerçants et ils vendent de tout; leurs boutiques sont
de véritables bazars universels; mais — ce qui
est rare ailleurs — ils travaillent aussi de leurs
mains; ils forment la majeure partie de ces tailleurs de diamants dont Amsterdam s'enorgueillit.

Je reviens aux canaux. Le plus beau est le

Heerengracht ou Canal des Seigneurs. C'est sur ses quais que s'élèvent les plus riches constructions, les hôtels particuliers, les demeures des grandes familles.

Le Keizersgracht (Canal de l'Empereur), moins aristocratique que le précédent, a encore un aspect somptueux. C'est le quartier des grands commerçants et des rois de la finance.

Le troisième des grands canaux s'appelle le Prinsengracht, le canal des Princes. Cette enseigne, peut-être vraie autrefois, est actuellement trompeuse. Il n'est rien moins qu'élégant et ne m'a paru avoir aucune prétention à l'élégance. La population de ses quais est un mélange de petite bourgeoisie et de peuple, et sur deux de ses maisons il y a un cabaret.

Le port est divisé par les digues en une dizaine de petits ports. Deux grandes digues embrassent et protègent le tout.

C'est de la chaussée de l'une de ces digues que je me suis offert le spectacle très curieux, imposant même, de l'animation du port. Ce n'est plus le tableau grandiose d'autrefois, mais c'est encore la vivante image du commerce maritime dans son

action la plus intense. Ce port est incontestablement un des plus importants de l'Europe.

Je vais visiter les curiosités de la ville.

Je fais toutes mes courses en tramway. Ce
mode de transport est si intelligemment établi et
distribué à Amsterdam que les voitures de place,
d'ailleurs assez rares, peuvent chômer.

Je me rends au Dam ; c'est la place qui occupe
le centre de la ville.

Au milieu de cette place, se dresse le monument
de la Croix de Métal par lequel on a voulu consacrer
le souvenir de ces dates nationales : 1830 et 1831.
Je dois m'abstenir de parler de ces dates et des
événements qu'elles rappellent, mais je puis parler
du monument : il m'a paru manquer totalement
de grâce artistique. La statue de la Concorde qui
le surmonte est un assez joli morceau.

Autour de la place, s'élèvent le Palais-Royal, la
Bourse et l'église neuve.

Le Palais-Royal, ancien Hôtel de Ville, est le plus
bel édifice de la Hollande. Il a coûté, me dit-on,
trente millions de florins. Extérieurement, il m'apparaît superbe. Je pénètre à l'intérieur, je visite la
chambre et le salon du roi, la salle du trône, la

salle des fêtes : les décorations en sont d'une réelle magnificence.

La Bourse n'a ni la même grandeur ni le même cachet d'art. Je ne vois à vous signaler que son péristyle.

L'église neuve (Nieuwe-Kerk) est un monument curieux. Je ne m'explique pas cette dénomination de neuve appliquée à une église qui date du xve siècle ; il est vrai que l'église vieille (Oude-Kerk) lui est antérieure d'un siècle.

J'ai vu là, au fond du chœur, un superbe monument élevé à l'amiral Ruyter, une des gloires de la Hollande.

En quittant la Bourse, j'ai pris le Kalverstraat, la rue du commerce. Beaucoup de cafés et de magasins et une grande animation. Je note que les voitures, eu égard sans doute à l'étroitesse de cette rue, y vont au pas et toutes dans le même sens, vers la tour de la Monnaie, une ancienne forteresse qui devait défendre l'Amstel. Autrefois et pendant un temps, Amsterdam y installa la frappe de sa monnaie.

Voici la place Rembrandt, très élégante, décorée de la statue en bronze du célèbre peintre.

De là, je suis l'Amstelstraat, la rue des théâtres ;
j'y visite le Panopticum, musée de figures de cire
que je ne saurais mieux comparer qu'au musée
Grévin, de Paris.

J'ai assisté à une représentation du Grand-
Théâtre ; on y donnait une pièce du répertoire français. Au théâtre municipal, on joue l'opéra, la musique française un jour par semaine, les œuvres
hollandaises ou allemandes les autres jours. Il y a
encore le théâtre du Parc — un nom de Bruxelles
— le Frascati, le Salon des Variétés, et enfin un
théâtre d'été.

Poursuivant ma course, je suis arrivé au pont
sur l'Amstel. Ce pont est monumental ; il a deux
cent vingt mètres de long sur vingt-trois mètres de
large ; il s'ouvre et se lève au milieu comme un
pont-levis pour le passage des navires.

Ce sont là mes visites du premier jour. Il faut
environ trois journées pour bien voir Amsterdam.
J'en ai mis davantage, car je me suis longuement
et avec plaisir attardé dans les musées, dont je
vous parlerai tout à l'heure. Je les garde pour la
bonne bouche.

Quelques mots de l'Hôtel de Ville et des églises.

L'Hôtel de Ville est un ancien couvent. Sa destination actuelle date du xvi° siècle. Toutes ses
salles sont ornées de peintures remarquables dues
au pinceau des artistes nationaux.

J'ai parlé de l'église neuve et aussi de l'église
vieille; j'ai fort admiré les vitraux de cette dernière. Une autre église à visiter, c'est la Wester-
Kerk (église de l'ouest) où fut enseveli Rembrandt.
Elle a une tour de cent mètres, des orgues renom-
mées et un carillon très beau.

Amsterdam possède trois synagogues; je n'en ai
visité qu'une, celle des Juifs portugais. Le parvis
est d'une imposante grandeur; il abrite une galerie
curieuse au moins par un côté : c'est là que se
trouve le bassin où les Juifs font leurs ablutions
avant d'entrer dans la synagogue.

Je passe aux musées.

D'abord, le Musée national, le Palladium de l'art
national.

Toute l'école hollandaise de peinture est là, dans
ses plus belles productions. C'est Rembrandt et sa
Ronde de nuit, Van der Helst et *le Banquet de la
garde civique*, et les Gérard Dow, et les Adrien Van

Ostade, et les Terburg, et les Ruysdaël et les Willem
Van de Velde.

Il n'y a pas que des œuvres de maîtres hollandais, mais, à part l'école flamande, les autres
écoles y sont modérément représentées.

Le cabinet des estampes offre une des premières
collections du monde. La salle des arts industriels
est au plus haut point intéressante à examiner;
quant à la salle des vitraux, j'ai vu là une collection comme je n'avais encore vu nulle part.

C'est un monde, ce musée; les salles succèdent
aux salles, et après les salles ce sont les cabinets
qui vous attirent et vous retiennent.

Le musée Fodor, du nom du riche Hollandais
qui, en mourant, légua sa collection à la ville
d'Amsterdam, n'a, comparé avec le précédent,
qu'une importance très secondaire; mais il possède de véritables trésors artistiques, parmi lesquels nombre de numéros viennent de maîtres
français.

Je dois citer encore un musée particulier, la collection de M. Six Van Hillegom, le descendant du
bourgmestre Six qui fut l'ami de Rembrandt et
son protecteur.

Des musées, je puis passer au Palais de l'Industrie, immense édifice où ont lieu les expositions de l'industrie. C'est là aussi que se donnent les bals et les fêtes; il y a même un théâtre où l'on joue l'opéra.

Les promenades d'Amsterdam sont fort belles. Le Plantage, composé de deux îles reliées par des ponts, n'offre pas une grande étendue à parcourir, ni un bien joli site à contempler, mais il achemine agréablement le promeneur vers le Jardin Botanique et le Jardin Zoologique qui sont dignes de leur célébrité en Europe. Dans ce dernier, j'ai donné une grande heure à la ménagerie.

Le Vondels Park est le rendez-vous du beau monde; ce n'est ni le Prater de Vienne, ni le Bois de Boulogne de Paris, mais c'est quelque chose qui en approche et que, dans tous les cas, j'ai fort goûté.

Je ne voudrais pas quitter Amsterdam sans parler de ses habitants; je résumerai mes impressions à la fin de mon voyage.

Je me rends à La Haye.

A Amsterdam, j'ai vu la ville du commerce; à

La Haye, je trouve la ville de l'élégance et de l'aristocratie, et aussi la ville de la cour.

Car la capitale du royaume n'est pas le siège du gouvernement ; c'est à La Haye que réside la reine, la cour, le corps diplomatique et que siègent les ministères, les Chambres et la Cour suprême. Vous savez qu'il en a toujours été ainsi. Autrefois les États généraux et plus tard le Stathouder avaient leur résidence à La Haye.

Si cette anomalie venait des préférences des intéressés, elle s'expliquerait facilement. La ville de La Haye est infiniment plus agréable qu'Amsterdam. Tout y est plus joli, plus élégant, tout y porte un certain cachet de distinction qu'on chercherait en vain dans le reste du royaume.

A première vue et même après y avoir séjourné, La Haye me semble se rapprocher beaucoup du caractère français. L'influence française s'y fait fortement sentir ; un peu partout on entend parler le français et dans la plupart des théâtres on ne joue que des pièces françaises.

Comme à Amsterdam, comme par toute la Hollande, il y a des canaux à La Haye, mais ici ils ne coupent pas la ville sur tous ses points ; on n'en voit pas dans les beaux quartiers. La Haye a mis

de la coquetterie à masquer le vice originel de son
assiette.

Les promenades sont dans l'intérieur de la ville,
ce sont de véritables boulevards ombragés d'arbres
séculaires et bordés de splendides hôtels. Ce qui
n'empêche pas La Haye d'avoir son parc qui s'appelle le Bois, comme à Paris, un parc très vaste et
charmant qui fait presque suite au quartier élégant,
comme le Bois de Boulogne où, du moins, son
avenue continue les Champs-Elysées.

A son extrémité, est la maison du Bois, un édifice qui tient le milieu entre le palais et la maison
de plaisance. Ce doit être une délicieuse résidence.

La Haye a, comme Amsterdam, un jardin botanique et zoologique, moins important, moins riche
que le premier, mais très fréquenté ; j'y ai trouvé
une foule énorme.

Il y a une vingtaine d'églises à La Haye. Je n'ai
vu de remarquable que la grande église surmontée
d'une tour de cent mètres dans laquelle est installé
un merveilleux carillon d'une quarantaine de
cloches.

J'ai visité le Musée Royal. Il est aussi riche que

celui d'Amsterdam et il offre des collections de
toutes les écoles. J'ai vu là le chef-d'œuvre de
Rembrandt : *La Leçon d'Anatomie*, chef-d'œuvre
à mon sens, car d'autres lui opposent *la Ronde de
Nuit* qui est à Amsterdam.

J'ai passé de longues heures à admirer les merveilles qui peuplent ce musée et je résume mes
impressions d'un mot : la possession d'un tel trésor
suffirait à illustrer La Haye.

Les monuments à voir ne sont pas nombreux :
c'est le Palais-Royal, que je n'ai pu visiter, la
famille royale étant présente ; le Palais gothique
du prince d'Orange ; l'Hôtel de Ville, du xvie siècle ;
le Théâtre français et hollandais ; le Binnenhof,
ancien palais des stathouders...

Mais, à côté de ces monuments, que de riches
hôtels ! que d'élégantes constructions ! Je termine
comme j'ai commencé :

La Haye est la ville aristocratique de la Hollande,
comme Amsterdam en est la tête commerciale.

Voici pourtant une rivale d'Amsterdam : Rotterdam.

Quel mouvement ! quelle animation sur ses quais
qu'écrase l'amoncellement des marchandises, ses

quais où les navires viennent décharger leurs car-
gaisons ou en embarquer !

On me dit que Rotterdam est, plus qu'Amsterdam,
la ville du commerce extérieur, du haut commerce.

Les canaux sont nombreux et la ville est tout
en îlots. La plupart des ponts qui font communi-
quer ces îlots sont des ponts-levis ou des ponts
tournants dont le fonctionnement ne manque pas
de donner à la physionomie de Rotterdam une certaine originalité.

On a tôt fait de visiter Rotterdam.

Comme monuments : la Bourse et la grande église,
la première sans caractère, la seconde assez remarquable par ses dimensions, les mausolées élevés
à l'intérieur, son orgue d'une grande puissance de
sonorité, et enfin sa tour de 64 mètres d'où l'on a
une vue complète de Rotterdam et du pays environnant.

Rotterdam a aussi un musée, un parc et un jardin
zoologique.

Le musée comprend la collection de tableaux lé-
guée à la ville par le conseiller Boijmans, collection en partie détruite par un incendie et sans
grande valeur artistique. Les acquisitions par les-

quelles Rotterdam a complété cette collection valent mieux, mais, en son ensemble, le musée m'a
paru, surtout après La Haye et Amsterdam, d'un
ordre inférieur.

Le jardin zoologique m'a semblé une réduction
de celui d'Amsterdam ; quant au parc, je l'ai trouvé
beau. J'y ai vu la statue du poète national, Tollens.

Je pars pour Flessingue.

Je passe, sans m'arrêter, à Berg-op-Zoom, à
Woensdrecht où notre train franchit un bras de
l'Escaut sur une digue de près de 4 kilomètres. Je
touche à l'île de Zuid-Beveland, je suis dans la
Zélande, le pays de mer, une dizaine d'îles séparées par les bouches de l'Escaut. C'est là qu'il faut
voir, dans toute leur beauté et toute leur utilité, les
digues opposées par les habitants aux flots toujours
prêts à inonder le pays. Ces digues artificielles et
exigeant une surveillance et des soins constants
ont plus de quatre cents mètres d'étendue.

Inutile de vous dire que le sol de la Zélande,
comme tous les sols d'alluvion, est très fertile ; sa
principale production est le blé, et l'on peut, pour
toutes ces raisons, rapprocher ce sol de celui de
l'Egypte, fertilisée par le Nil.

Je passe à Middelbourg (le bourg du milieu, chef-lieu de cette province de Zélande, et j'arrive enfin à Flessingue.

J'ai tenu à voir cette petite ville qu'on a cherché à développer comme ville et comme port jusqu'à en faire la rivale de notre Anvers.

J'ai vu les nouveaux bassins, les docks tout neufs et considérables, des quartiers tout entiers créés depuis quelques années. L'effort fourni est magnifique, les résultats ne sont que très ordinaires. Le développement commercial du port, qui avait été jusque là un port de guerre, marche lentement.

Anvers peut dormir tranquille.

Comme ville, Flessingue a toujours son aspect de place de guerre, ses forts et sa ceinture de remparts, ébréchée aujourd'hui par la construction des nouveaux bassins. Elle est divisée en îlots par ses canaux, qui offrent une note particulière, la note la plus agréable de la ville : ils sont tous bordés de beaux arbres. Les rues, mal alignées, sont, en majeure partie, trop étroites.

Une seule place a quelque physionomie, c'est la place Ruyter, où s'élève la statue en bronze de l'amiral, un enfant et la plus belle gloire de Flessingue.

J'ai poussé ma promenade jusqu'au bout de la digue de l'Escaut : on a établi là, abrités par les dunes, des bains de mer assez fréquentés.

Je rentre directement de Flessingue à Bruxelles.

Mes impressions?

La Hollande, vue avec des yeux de touriste, est le plus singulier pays qu'on puisse visiter ; sa situation au-dessous du niveau de la mer, ses canaux qui la découpent, la détaillent en d'innombrables îlots et la font ressembler à un vaste damier, suffiraient à lui donner ce caractère d'originalité que je n'ai trouvé à aucun autre pays, si ce n'est la Suisse, dont la Hollande m'a paru être l'antithèse.

Mais la Hollande a mieux que les curiosités de sa situation : elle a sa persévérance, son énergie, sa fierté, toutes ces qualités traditionnelles qui lui valent le respect et la considération de l'Europe.

Elle n'est pas seulement patriote et bonne commerçante, la Hollande, elle a aussi des goûts artistiques très prononcés et des industries nationales de premier ordre.

Savez-vous ce qui m'a le plus frappé dans ce

pays, auquel je connaissais déjà les qualités et les goûts que je viens de rappeler? C'est le caractère égal, plutôt gai, presque rieur de sa population. Songez au danger terrible et de chaque instant qui menace ce pays, à l'impitoyable ennemie qui le guette derrière ces digues artificielles — et le Hollandais se tient tranquille; il va, il vient, il travaille, produit, trafique, avec une admirable bonne humeur, sans vous jamais laisser voir sur son visage le moindre souci.

L'antique précepte me revient à la mémoire : *Mens blanda in corpore blando.* On peut en voir l'application chez les Hollandais : ils ont jusqu'à la passion, l'amour instinctif de la propreté, et l'état de leur âme s'en ressent très heureusement.

La Hollandaise est robuste et fraîche; elle aussi, respire la santé de l'âme. Volontiers rieuse, elle est charmante sous son habituel bonnet blanc ou sous le casque d'or des jours de fête.

La vie est assez coûteuse en Hollande. Les hôtels — il est superflu de le dire — sont très propres et confortables sous tous les rapports. Les cafés sont nombreux, les anciens cafés dont la salle est

divisée en deux par un grand rideau qui masque
l'arrière-salle où l'on joue, et les nouveaux cafés à
l'instar de Paris.

Une particularité qui appelle une explication :
les maisons hollandaises, presque toutes à pignons,
ont généralement leur mur de façade incliné vers
la rue. Ce n'est pas là un vice de construction,
mais un état voulu. En Hollande, l'opération de
l'emménagement se fait au moyen d'une poulie
qui enlève les meubles jusqu'à la fenêtre de l'étage
visé. Avec un mur perpendiculaire, on aurait des
heurts ; le mur étant incliné, on n'en a pas.

Une autre, les innombrables moulins à vent.
Ces moulins ne sont pas là seulement pour
moudre le blé ; ils concourent à une opération d'un
intérêt primordial, le desséchement des polders. On
emploie sans doute pour cela des machines d'épui-
sement, mais on n'a pas toujours eu ces machines,
elles sont, sur certains points, en nombre insuffi-
sant et on a recours aux moulins.

Enfin, dernière remarque, qui a trait aux musées et à l'art hollandais. Avez-vous observé la
place énorme que tiennent les sujets civiques et

surtout la garde nationale ou civique dans l'œuvre
des artistes hollandais? — D'une façon générale et
dans tous les pays, les artistes s'appliquant à traduire les goûts et les préférences de leurs compatriotes, je suis ramené à répéter que l'âme hollandaise est essentiellement patriote.

AMÉRIQUE

Amérique

Le 6 mai 1893, un samedi, je m'embarquai à Anvers sur *le Friedland*, paquebot de la Red Star Line Company.

Vous n'attendez pas que je vous décrive nos quais d'Anvers ni leur animation; je me réserve de leur consacrer, en un chapitre spécial, les pages qu'ils méritent.

Ce jour-là, par suite de l'embarquement d'une foule d'émigrants, l'animation était encore plus grande que d'habitude et l'on s'écrasait littéralement sur le pont du navire où le chiffre des passagers se trouvait triplé par la présence des parents et des amis qui avaient tenu à ne les quitter qu'à la dernière minute.

Très curieux, ce tableau de la dernière minute,

mêlé d'incidents drôles ou touchants : les recom-
mandations de ceux qui restent à ceux qui s'en
vont, et les promesses, et les embrassades, et aussi
les larmes...

A trois heures et demie, l'ordre est donné et
exécuté d'évacuer le pont. On va partir. Un coup
de sifflet auquel répond un cri de ceux qui restent,
on part.

On part, et c'est, parmi les adieux échangés des
quais au pont du navire, une forêt de mouchoirs
qu'on agite.

Peu à peu Anvers s'éloigne, se tasse, se fond,
disparaît : nous traversons silencieusement l'Escaut.

Sur le pont que nous parcourons au pas de promenade, en causant, nous formons un groupe de
dix personnes, dix touristes qui allons faire
ensemble le voyage d'Amérique, visiter Chicago et
son Exposition, ainsi que le Canada. Il y a là : le
baron de W***; le comte de R***; le baron R. de Z***;
M. B***; M. R***; M. N***; un officier, le lieutenant L***; un médecin, le docteur D***; et enfin,
notre guide, Otto L***, qui a pris la direction du
voyage.

Comme pour les quais d'Anvers je me réserve

pour les beautés de l'Escaut, qui auront leur place dans mon étude de la Belgique.

A dix heures nous arrivons à Flessingue; notre pilote quitte le navire et nous entrons dans la Manche. A ce moment, nous sommes invités, pour dîner, à prendre nos places dans la salle à manger, une salle très vaste, simplement et confortablement aménagée, mais placée de telle façon que, du bout que nous occupons de la troisième table, nous ne perdons pas la moindre secousse de l'incommodant roulis. C'est plein de menaces pour nos estomacs.

Nous dînons tant bien que mal, en attendant l'habitude qui viendra, car, en disant que nous dînons tant bien que mal, je n'entends pas médire des plats qui nous sont servis ni des talents des cuisiniers du bord.

A neuf heures, nous apercevons les feux d'Ostende, que nous saluons : c'est la dernière lumière de la patrie.

Nous passons encore une heure au fumoir, puis chacun de nous regagne sa cabine et va essayer de dormir.

A huit heures du matin, je sors de ma cabine

et n'ai que le temps de me rendre à la salle à manger où nous attend le premier repas.

Suivant les habitudes anglo-américaines qui règnent à bord du *Friedland*, nous aurons trois repas par jour : le déjeuner, à huit heures du matin, le lunch de midi à une heure et le dîner à six heures du soir.

Le déjeuner pris, nous montons sur le pont où nous arrivons juste à point pour nous trouver en face de l'île de Wight, dont j'ai fait, il y a quelque temps, le tour en bicyclette.

Toute la journée, nous côtoyons l'Angleterre. Vers les 6 heures du soir, nous passons en vue des Sortingues et nous voici dans l'Océan. Désormais, plus une voile, plus rien qui nous rappelle la terre; c'est, à perte de vue, l'infini de l'Océan se confondant à l'horizon avec l'infini du ciel. Désormais aussi et jusqu'à l'heure où nous débarquerons, le monde connu se borne pour nous à notre petit groupe de dix personnes.

Voulez-vous me permettre de vous présenter mes compagnons?

Ce géant qui s'avance là-bas sur le pont, dépassant d'une bonne tête tous les passagers, c'est le baron de W***. Entre les repas, sa principale dis-

traction est de prendre, comme moi, des notes de
voyage. J'en fais autant, je commence aujourd'hui
mon journal de bord.

A son côté, c'est son ami intime, le baron R.
de Z***, un lecteur passionné.

Le comte de R*** se promène tranquillement
en fumant pipe sur pipe.

Nous formons, ces trois personnages et moi, un
petit groupe dans le grand; s'il m'est permis d'appeler grand un groupe de dix passagers. Je tiens
à noter que ce voyage m'a valu l'inappréciable fortune de devenir l'ami de ces messieurs, les caractères les plus sympathiques, les plus droits, les plus
loyaux que j'aie jamais rencontré.

M. R***, d'Anvers, dont le visage bienveillant
et doux dit les grandes qualités de cœur; M. M***,
le type parfait du Liégeois et le lieutenant L*** forment un autre petit groupe où la gaîté ne tarit
pas : le lieutenant en a à revendre; son esprit et
son entrain dérideraient les plus moroses.

Enfin, M. de B***, un beau vieillard, notre doyen
vénéré, cause gravement avec son inséparable, le
docteur D***.

Notre guide ou plutôt le directeur de nos excursions futures, M. Otto L***, est un Suédois. Les
années qui pèsent déjà sur ses épaules ne l'empê-

chent pas d'être le plus alerte et le plus vif de nous
tous.

Par une heureuse chance, je suis le voisin de
cabine du baron de W***, du baron R. de Z*** et
du comte de R***.

Les autres passagers sont presque tous Allemands ou Américains. Nous avons pourtant pour
voisins de table trois Russes. L'un, un vieillard de
soixante-dix ans, est médecin; c'est son amour de
la science qui lui a fait entreprendre le voyage :
il va assister à un congrès de médecins en Amérique.

Je vous signale le subterfuge employé sur le navire pour acheminer peu à peu l'heure de la pendule vers l'heure de New-York. Vous savez que
cette dernière retarde de cinq heures sur l'heure
de l'Europe : on retarde chaque jour d'une demi-
heure l'heure de la pendule du navire, afin qu'à
notre arrivée à New-York cette pendule marque
exactement l'heure de l'Amérique. Ce n'est pas
plus difficile que cela et je ne crois pas qu'il ait
été besoin d'un ingénieur breveté pour trouver ce
procédé.

Nous avons l'électricité à bord et elle y rend

presque tous les services qu'on en tire à terre.
C'est d'un joli progrès.

Autre amélioration, on nous loue sur le pont,
comme dans un jardin public, des fauteuils pliants
bien compris, très commodes et très doux.

Nous voici au lundi. Il y aura bientôt quarante-
huit heures que nous avons quitté Anvers. Autour
de nous, le mal de mer commence à se manifester
d'une façon assez désagréable. Bizarrerie de la
nature! C'est justement notre médecin du groupe,
le docteur D*** qui est atteint le premier de nous
tous!

Nous sommes quinze cents passagers, sur lesquels il faut compter cent cinquante hommes d'équipage et neuf cents émigrants. Le nombre de ceux
qui souffrent du mal de mer est énorme parmi ces
derniers. Ces pauvres gens font leur premier
voyage en mer, et s'ils sont bien nourris, ils sont
mal logés et exposés à tous les inconvénients du
roulis. Ah! ces logements! Je sais bien qu'on ne
peut pas leur donner des cabines de première
classe, mais c'est égal, le dortoir où ils sont en-
tassés est peu fait pour vous donner des idées
gaies.

Parmi ces émigrants, il y a beaucoup de femmes

et d'enfants, des enfants tout jeunes, j'en ai vu à qui leur mère donnait le sein.

Le médecin du bord est occupé à vacciner tous ces enfants. Il y a eu, avant notre départ, quelques cas de petite vérole à Anvers, et l'on ne saurait être trop prudent...

Mon Dieu ! c'est déjà bien assez du mal de mer.

Ce jour-là, lundi, nous faisons connaissance avec un passager fort aimable et plein d'entrain. Il a beaucoup voyagé et ne demande qu'à raconter ses voyages, ce qui fait toujours passer un moment.

Mardi. Encore une nuit de passée, deux cent cinquante kilomètres franchis pendant que nous dormions, ou que nous essayions de dormir. J'ai dit deux cent cinquante kilomètres ; nous en faisons vingt-cinq à l'heure. Si vous voulez compter par nœuds, ce sera facile : le nœud représente dix huit cent quatre-vingt-huit mètres. Hélas ! il y a trois mille trois cent vingt-huit nœuds d'Anvers à New-York.

Pendant que je suis à donner des chiffres, prenez ceux-ci : le *Friedland* a cent cinquante mètres de long sur dix-sept mètres de large.

Aujourd'hui, mardi, la mer est très calme. Pour tromper la longueur de la traversée, mes compagnons s'ingénient à trouver des jeux. Nous nous engageons dans une interminable partie de boules, un jeu appelé Palette. Autour de nous rôdent de jolies miss américaines qui voudraient bien se distraire aussi; elles finissent par se mettre à jouer comme nous.

Mais voilà un visiteur importun qui nous arrive. Il est huit heures du soir. De la mer monte un brouillard d'une intensité qui nous cache à quelques pas la vue des objets. La sirène grince, crie, rugit et c'en sera ainsi toutes les cinq minutes jusqu'à ce que le navire soit sorti de ce brouillard.

Enfin, la sirène se tait; le brouillard a disparu. La nuit promet de se passer sans autre incident.

Ce matin, mercredi, la mer est agitée.

Nous avons beau faire pour nous tenir en gaîté et nous battre les flancs pour trouver des passe-temps, la traversée commence à nous sembler longue.

J'offre à mes compagnons quelques livres que

j'ai emportés, entre autres un volume de Max-O'Reill,
qui a un joli succès auprès de ces messieurs.

Le comte de R***, a lié conversation avec le capitaine du *Friedland;* c'est un Allemand de Heli-
goland, à l'air intelligent et décidé. Notre sort est
en bonnes mains.

J'apprends que le traitement des capitaines est
de douze mille francs par an, ce qui me paraît mi-
nime pour la vie qui leur est imposée. Ils sont
veufs la moitié de l'année, veufs et privés de toute
leur famille : il leur est interdit d'avoir leur femme
à bord.

Aujourd'hui, je fais une constatation : mes
vêtements sont tout imprégnés de sel. Le phénomène n'a rien que de normal et ne me surprend
pas; depuis quatre jours, nous vivons dans un air
chargé de sel; c'est un peu comme si nous avions
fait un plongeon de quelques minutes dans la mer.

Et toujours rien à l'horizon, pas la moindre
voile; et un ciel toujours vide, pas un oiseau ne
le traverse.

Nos Américaines arpentent le pont d'un pas léger
et rapide...

L'une d'elles m'adresse la parole et tout de suite

— tant le besoin de causer est vif dans ce désert entre le ciel et l'eau — elle me raconte sa petite histoire.

Elle est des environs de New-York, et elle y retourne avec son mari, après un assez long séjour qu'ils ont fait en Allemagne.

Elle me parle aussi de Paris qu'elle a visité, et ses yeux brillent de plaisir. Paris lui a paru charmant, et le naturel gai des Français l'a ravie...

Ce soir, le vent s'éveille et devient rapidement violent.

Jeudi. Toute la nuit le navire a été fortement secoué. Ce matin, il pleut et le vent continue de souffler, si violent que j'en suis renversé. La pluie prend les proportions d'un déluge.

Malgré cela, nous insistons pour prendre notre repas sur le pont, sous la rotonde; mais nous ne pouvons y rester, la pluie nous chasse et nous nous réfugions au salon, où je retrouve mon Américaine qui s'empresse de reprendre la conversation où nous l'avions laissée la veille.

Elle a séjourné quatre ans en Europe, et elle en emporte un inoubliable souvenir. Elle éprouve, certes, une grande joie à rentrer en Amérique, mais elle regrette l'Europe et surtout Paris.

Je lui demande quelle est, à son gré, la plus jolie ville des États-Unis. Elle me répond sans hésiter : — Washington.

Le roulis devient insupportable et je me décide à gagner ma cabine et à me coucher.

Une petite satisfaction : nous avons à cette heure fait la moitié de la traversée. Je ne sais pourquoi, il semble à tout le monde que l'autre moitié sera moins longue. C'est sans doute qu'à chaque tour d'hélice nous nous rapprochons du but.

Dans la nuit le vent est tombé, la pluie a cessé ; à mon réveil la mer est calme, et j'en éprouve une véritable joie.

Je vais consulter le tableau de la marche du navire ; j'y vois que nous avons encore fait trois cent treize nœuds à ajouter à la moitié accomplie du trajet.

Je fais aujourd'hui connaissance avec un passager, M. X*** ; c'est le fils d'un sénateur délégué à l'exposition de Chicago, il va rejoindre son père.

Ce matin, je m'étais trop hâté de me réjouir. Aux approches du soir, un brouillard s'élève qui nous vaudra toute la nuit d'entendre crier la sirène.

Nous voici à samedi. C'est notre huitième jour. Le temps est magnifique, la mer d'un calme adorable.

On nous annonce un concert à bord.

A la bonne heure! Voilà qui va nous changer des cris de la sirène et mettre un peu de nouveau dans la monotonie de la vie que nous menons.

Ce sera, paraît-il, charmant. Nous n'en doutons pas; nous ne demandons pas mieux que d'être ravis.

A midi, je vais encore consulter le tableau de marche : trois cent cinquante-huit nœuds, quarante-cinq de plus qu'hier. Quand je vous disais qu'on allait plus vite en se rapprochant du port!

Vers une heure, nous apercevons au loin un steamer qui suit sa route vers l'Europe : c'est le premier qui passe en vue depuis notre départ.

Presque au même instant, on nous signale un banc de sable que nous venons d'éviter. Ce n'est rien, mais dans cette atonie, la note a son prix et elle nous occupe un long moment. C'est autant de gagné.

Le concert est annoncé pour huit heures. Notre groupe y assiste au grand complet, même ceux

que le mal de mer fatigue encore. Il faudrait être
bien malade pour manquer une occasion pareille...

Eh bien, je l'ai trouvé délicieux, ce concert. On
nous y a donné de la musique, des chansons, des
vers, des drôleries, et nous avons applaudi comme
aux meilleures représentations de nos théâtres.

La quête, au profit des plus pauvres d'entre les
émigrants, a rapporté deux cents francs ; c'est
miss P***, une de nos plus gracieuses américaines
qui nous tendait la petite bourse en soie et les
programmes à acheter.

Aujourd'hui dimanche, pour célébrer le repos
dominical, voici que la mer s'agite de nouveau...

J'ai fait une nouvelle et fort aimable connaissance, celle du capitaine M***, de l'état-major
belge, délégué à l'Exposition de Chicago.

Tandis que le baron de W*** est tout à prendre
ses notes et que son ami le baron de Z*** s'en-
fonce de plus en plus dans la lecture, quelques-uns
de nos compagnons ont trouvé le moyen de s'in-
troduire dans le groupe des jolies miss où ils se
livrent à un aimable flirtage...

Le concert a porté ses fruits ; il n'est rien de tel
que la musique pour pousser à l'harmonie.

Mais la mer n'y est pas, elle, à l'harmonie; elle est de plus en plus agitée et le navire tangue ferme.

Ce matin, lundi, le calme est revenu. Il y a, sur la mer, un léger brouillard qui va s'élever et disparaître.

Nous réglons aujourd'hui nos notes d'extra. J'ai pour dix-neuf francs cinquante centimes de vin. Si l'on vous dit que j'ai fait des débauches durant cette traversée!

Comme nous allons nous mettre à table pour dîner, on nous signale l'approche du pilote qui va conduire le *Friedland* au port, et nous nous livrons à ce petit jeu de loterie qui consiste à parier sur le numéro du pilote. Nous sommes vingt et un, nous nous numérotons de un à vingt et un, et nous mettons chacun un franc : la cagnote appartiendra à celui de nous dont le numéro sera celui du pilote.

A sept heures, le pilote monte à bord; c'est le numéro 21, et la cagnote appartient à M. N***.

Mardi, 16 mai, sept heures du matin : la côte!
Enfin !
Voilà dix jours que nous naviguons.

15.

Nous entrons en rade et le navire stoppe en face de la statue de la *Liberté éclairant le monde.*

Oh! le grandiose spectacle, dont l'imposante beauté s'augmente encore de la joie de revoir la terre !

Ici, cette statue colossale, un chef-d'œuvre à la taille des Etats-Unis ; là le port de Broocklyn, à la fois commerçant et élégant, et ces côtes couvertes d'une végétation luxuriante dans le vert de laquelle ont poussé de jolis chalets !

Nous entrons dans le port vers huit heures et demie, après avoir subi la visite sanitaire. Par mesure de précaution, les passagers de troisième classe resteront à bord jusqu'à demain :

New-York n'a pas oublié l'effroyable épidémie de 1868.

A une heure, nous filons à toute vapeur sur New-York et le débarcadère.

Nous débarquons par une pluie torrentielle et nous restons là une heure dans une foule compacte, à attendre nos bagages. Notre guide et directeur ne s'y retrouve plus. Enfin, tout s'arrange, les douaniers visitent nos malles et nous pouvons nous installer dans un omnibus qui ressemble à une voiture de charlatan, les uns sur l'impériale, les autres à l'intérieur, et fouette cocher!

On m'apprend que nous avons débarqué à Jersey-City et que nous allons traverser le Ferry-Boabs, pont roulant qui va d'une rive à l'autre et sur lequel notre équipage prend place presque aussitôt.

Nous faisons notre entrée dans New-York. Deux choses me frappent, l'extraordinaire animation et l'aspect noir de la ville.

Nous descendons au Broadway Central Hôtel, au centre de l'énorme cité, Broadway Street. Je m'y vois attribuer une bonne chambre assez vaste, fournie de tous les meubles nécessaires... et d'une corde de longueur démesurée.

Pourquoi cette corde?

Est-ce que l'hôtel pousse au suicide et en fournit les accessoires?

Je m'adresse au garçon, un domestique nègre qui m'explique que cette corde est mise là à ma disposition pour le cas où un incendie éclaterait : grâce à elle et avec de bons poignets, je pourrais me sauver et descendre par la fenêtre...

Je vous confesse que je ne suis pas encore revenu de cette attention bizarre.

Deux de nos compagnons vont à la poste en-

voyer les télégrammes d'arrivée et chercher les cor-
respondances qui, apportées par la voie anglaise,
ont dû nous devancer.

Avec les autres, je me lance à travers New-York.

Il pleut toujours à torrents.

Les rues que nous suivons se distinguent par
un atroce pavage. Leurs maisons ont jusqu'à quatorze étages. Les tramways électriques s'y succèdent presque sans interruption ; les voitures sont
rares, en revanche beaucoup de lourds chariots et
de camions chargés de marchandises.

A six heures, nous rentrons pour dîner. Le service est fait par des nègres qui s'en acquittent
assez bien, quand on ne les étourdit pas de récla-
mations.

La principale boisson de table est l'eau glacée,
et l'on vous apporte tous les plats à la fois. L'Américain les aligne devant lui et pique au hasard de
sa fantaisie ou suivant ses préférences, parfois man-
geant de tout en même temps.

A ce sujet, les avis chez nous sont partagés ;
les uns se plaignent et font la grimace, habitués
qu'ils sont à un autre confortable de table ; d'autres
s'extasient sur le côté pratique de ce service, et
tous crient et ahurissent les domestiques nègres qui

ne savent plus auquel entendre ni que faire, et ne font plus rien.

Je m'en souviendrai longtemps de ce premier repas à New-York.

Le lendemain, à huit heures, nous sommes debout. Nous allons commencer notre véritable visite de New-York.

Nous partons à pied et nous rendons, en nous promenant, à la Bourse. Quelle agitation! quel bruit! quel vacarme! C'est à se demander si les gens qu'on voit là gesticuler et crier y sont pour se prendre aux cheveux ou pour réaliser des transactions!

Aussi bien, c'est partout le même air d'animation et de presse; les passants ne marchent pas, ils courent aux affaires, la seule préoccupation. En les voyant, je me suis mieux expliqué le côté expéditif du service de table. L'Américain ne se met pas à table pour prendre un plaisir, mais pour s'acquitter d'une corvée nécessaire et dont il a hâte de se débarrasser pour retourner aux affaires.

En passant, nous donnons un coup d'œil à la Poste. Ce n'est pas un bureau, ni une réunion de bureaux; c'est une vaste usine.

Nous faisons connaissance avec le métropolitain de New-York, un railway aérien qui roule sur vos têtes avec un bruit de tonnerre. Le prix de la course est de cinq cents, vingt-cinq centimes.

Nous déjeunons à Delmonico, le plus réputé des restaurants américains. Nous y sommes un peu mieux traités que la veille, à notre hôtel, et servis à notre guise ; mais, autour de nous, nous voyons se renouveler ce service qui nous a tant surpris hier soir.

Nous passons l'après-midi à continuer notre promenade à travers la ville, mais en voiture maintenant. Nous visitons le Parc central, trois cent cinquante hectares de surface ! Ah ! on fait grand à New-York — plus grand que joli.

Nous voyons l'Hudsons River (la rivière de l'Hudson, si vous préférez). Cette rivière est, d'ailleurs, un beau fleuve et elle porte le nom de l'explorateur anglais, Henry Hudson, qui, engagé au service de la Hollande, débarqua le 3 septembre 1609, à l'embouchure de ce fleuve et découvrit les terres où devait s'élever New-York.

Toutes les rues que nous suivons aujourd'hui sont tirées au cordeau ; les hautes maisons en briques rouges sont d'un effet bizarre, avec leurs bariolages d'enseignes et de réclames en couleurs.

L'électricité et le gaz se partagent l'éclairage, le gaz l'emporte encore comme quantité sur l'électricité. Les numéros des rues sont inscrits sur les réverbères.

New-York n'a pas de boulevards, ou plutôt il en a beaucoup qu'il appelle des avenues et qu'il désigne par des numéros d'ordre : première avenue, deuxième avenue, troisième avenue, etc. Notre boulevard Aspach serait ici la Xe avenue.

Notre directeur nous fait enfiler la cinquième, qui est le quartier de l'aristocratie de New-York, c'est-à-dire des dollars, et il nous y montre l'hôtel du milliardaire Vanderbilt, un hôtel grand comme le Continental et le Grand-Hôtel, à Paris...

C'est dans les hôtels de cette avenue que s'entassent nos richesses artistiques enlevées à l'Europe à coups de millions.

Si nous pouvions pénétrer dans ces hôtels écrasants de somptuosité, nous y trouverions bien des toiles célèbres que nous avons déjà admirées à Paris...

Nous rentrons à l'hôtel, harassés de fatigue et ne demandant plus qu'à dormir.

Nous nous levons pour reprendre notre promenade.

Nous visitons quelques Banques : New-York en a plus de cinq cents. Ce chiffre n'a rien d'étonnant : nous sommes dans la ville des affaires, où l'on ne fait que des affaires, où, dès son enfance, l'homme est dressé à la chasse aux « business » qui lui prendront exclusivement sa vie...

Le pont de Brooklyn, qui nous a portés avant-hier à New-York, attire encore notre curiosité. Quelle monumentale et majestueuse construction ! Quelle entreprise de géants! Sur une hauteur de quarante mètres, le pont a dix-huit cents mètres de long et vingt-quatre mètres de large...

C'est ici qu'on voit chaque jour, à chaque instant, la mise en pratique du mot de Danton : « De l'audace! toujours de l'audace! » J'entends parler d'un autre travail gigantesque qui serait le digne pendant du pont et diminuerait d'autant les services à rendre par ce dernier : l'établissement d'un tunnel sous-marin qui relierait New-Jersey à New-York en traversant toute la baie !

Dans l'après-midi, nous faisons une visite au musée, près du Parc central que nous avons déjà

vu. Il y a là un entassement colossal de richesses ;
j'y remarque de magnifiques collections d'oiseaux
et d'animaux divers et une galerie de peinture de
toute beauté. Entre autres toiles célèbres, un Cabanel
qui me ravit.

Toutes ces courses nous altèrent ; nous entrons
dans les bars : ils sont encore plus fréquentés qu'à
Londres...

A Londres, l'animation m'avait laissé stupéfait :
elle est plus vive encore ici, plus fiévreuse...

En regardant la façade des maisons, je constate
qu'elle est munie d'une échelle en fer, courant du
sommet à la base, le long des fenêtres. C'est l'échelle
de précaution, en cas d'incendie ; elle me paraît
mieux valoir que la corde de ma chambre d'hôtel.

En débarquant à New-York et à propos de la
visite sanitaire, j'ai rappelé l'épidémie de 1868 :
New-York n'a pas davantage oublié les terribles
incendies de 1863 et 1871, actes de banditisme
sauvage où elle faillit disparaître...

La race des incendiaires n'est pas éteinte à New-
York. La ville des milliards a aussi son White-
Chapel comme Londres et son armée du vice et
du crime. Il n'y a, pour s'en rendre compte, qu'à
visiter, dans la quatrième et la septième avenue,

ce qu'on nomme là-bas « l'Allée des Pauvres » et
la « Ruelle pourrie ».

Ce soir, excursion au quartier chinois. Ils sont
vingt-cinq mille fils du ciel, à New-York, cantonnés
dans le même quartier, et n'abandonnant rien de
leurs mœurs ni de leur costume national. On se
croirait à Pékin.

Nous entrons dans une maison chinoise où l'on
nous offre une tasse de thé; mais d'abord il faut
sacrifier aux usages et nous incliner devant la divi-
nité du lieu, une grossière idole en bois accroupie
sur une façon d'autel.

C'est le vendredi, 19 mai, que nous avons visité
la statue de la Liberté.

Elle se dresse, au centre de la baie, sur un piédestal en granit; sa main élève une torche enflammée. Elle a quarante-sept mètres de hauteur,
et pour monter jusque dans sa tête, où l'on peut
d'ailleurs se mouvoir à l'aise, c'est une véritable
ascension dont se plaignent les jambes de quelques-uns de mes compagnons.

Nous passons la seconde moitié de notre journée
dans l'île de Coney, charmante île de plaisance

avec plage pour bains de mer et champ de courses.
En Amérique comme en Angleterre, on se passionne
pour les courses de chevaux.

L'île contient une foule d'établissements de plaisir.
Nous montons dans un éléphant monumental en
bois qui renferme un restaurant bien installé et
une grande salle de danse...

Nous consacrons le samedi à visiter les magasins. Ils n'ont rien de commun avec ceux de Paris
et de Londres. Ici, nul souci d'éblouir le client, dé-
dain absolu de ce qui est une loi ailleurs, le goût:
il s'agit de faire des affaires. Et on en fait! Tout
y marche à la vapeur ou à l'électricité, de bas en
haut de cette usine à dix ou douze étages, qui est
moins un magasin qu'un dock.

En passant dans Broadway-Street, nous nous
arrêtons chez le consul de Belgique pour lui rendre
nos devoirs.

Nous allons quitter New-York, et je ne sais trop
dire l'impression que j'emporte. New-York est une
ville plutôt laide, sans architecture ni style quelconque, avec des quartiers sales et puants, et elle
vous écrase du poids de sa grandeur! Ses habitants
n'ont rien d'engageant, ils sont en bois, parlent

peu, ne sourient jamais, tout à leurs affaires, au « struggle for life » qui les mène, et la vue de ce peuple affairé vous laisse saisi d'un sentiment que le mot d'admiration ne suffit pas à traduire.

Ce matin, dimanche, à 9 heures, nous avons pris le train pour Philadelphie.

Le wagon américain est divisé dans sa longueur par un couloir qui sépare les deux compartiments ; chacun de ces derniers contient quarante places. Il n'y a qu'une seule classe, mais chaque train a son wagon-salon dans lequel on a accès moyennant un supplément.

Tout le long du trajet, on est visité par les petits industriels attachés au train : marchands de bananes, de dattes, d'oranges, de journaux.

La contrée que nous traversons est toute plate et me paraît d'une bonne fertilité. De ci, de là, quelques maisons de campagne, des châlets.

Nous arrivons à Philadelphie à une heure ; en voilà quatre que nous roulons.

Philadelphie est une grande et belle ville, bien bâtie et non sans élégance. Son hôtel de ville est magnifique.

Nous nous faisons conduire au Fairmont Parck, une immensité. Dix-huit cents hectares de surface,

plus de trois fois celle du Parc Central à New-York !
Et des serres admirables, des musées regorgeant de
merveilles, jusqu'à des villas.

Nous y faisons l'ascension d'une tour de cent
cinquante mètres, du haut de laquelle nous avons
une vue superbe de la ville.

Nous rentrons par la Broad-Street, qui a vingt-
cinq kilomètres de long. Nous effectuons ce retour
au milieu d'une armée de voitures lancées à toute
vitesse. Un équipage emballé nous frôle en passant : un centimètre de plus, et nous culbutions,
et Dieu sait dans quel état nous nous serions tirés
de l'accident.

Le lendemain, après un déjeuner des plus confortables — on mange bien à Philadelphie — nous
prenons le train pour Mansion-House.

Nous traversons un agréable paysage au bout
duquel un funiculaire nous prend et nous enlève
au mont Pisgah — quinze cents mètres au-dessus
du niveau de la mer. Les pentes en sont très
raides, mais c'est un site vraiment enchanteur.

Nous visitons le Munch Church, le plus important établissement houiller de la Pensylvanie. La
veine de charbon est à fleur du sol, on n'a littérale-

ment qu'à se baisser, et c'est une armée de mineurs qui se baisse. La production doit être formidable.

Nous remontons dans le funiculaire qui nous ramène à Mansion-House en vingt minutes, à une vitesse vertigineuse.

Le train qui nous ramène à Philadelphie stoppe brusquement. On se regarde, on s'interroge. Est-ce que le train serait attaqué, comme dans les romans de Jules Verne?

Non. C'est un accident de machine qui nous fera rentrer avec trois heures de retard.

De Philadelphie, nous filons sur Baltimore.

Le paysage est tout entier livré à l'industrie.

Baltimore ne m'a paru avoir d'intéressant que la façon dont on y arrive. Il faut passer la rivière et, pour ce, embarquer le train sur un ferry-boat.

L'hôtel où nous descendons et le dîner qu'on nous y sert pourraient être meilleurs. Je n'y vois que des nègres.

Une visite au parc, qui est planté de beaux arbres, et nous partons pour Washington.

C'est le soir, la chaleur est accablante. Depuis notre départ de New-York, nous n'avons pas cessé de souffrir de cette chaleur.

Un orage s'élève et éclate, un de ces orages d'Amérique qui dépassent en violence les tempêtes d'Europe.

L'orage s'éloigne, et nous goûtons enfin un peu de fraîcheur. De la campagne nous arrive un bruit bizarre : ce sont les grenouilles qui chantent, remerciant sans doute le ciel de l'eau qu'il vient de leur distribuer.

Nous arrivons à Washington vers 8 heures du soir.

Nous sommes descendus dans un bon hôtel où nous avons eu le plaisir de retrouver notre compagnon de traversée, le capitaine d'état-major M***. Il se joint à nous pour visiter la ville.

L'Américaine du *Friedland* ne m'avait pas trompé : Washington est une jolie ville, la perle des États-Unis. Nous admirons ce site gracieux encadré de verdure, ces constructions élégantes, ces larges et longues avenues soigneusement asphaltées...

Nous visitons le « Capitol », la Chambre des Députés, d'une simplicité toute démocratique, puis nous nous dirigeons vers la Maison-Blanche, résidence officielle des présidents. Actuellement, c'est M. Cleveland qui l'habite.

La Maison-Blanche est un édifice fort simple entouré d'un beau parc.

Nous sommes introduits dans le salon de réception : nous avons la bonne fortune de nous présenter le jour juste où le Président reçoit, fait ce qu'on appelle là-bas « le serrement de mains ». Nous retrouvons là deux autres passagers du *Friedland*.

M. Cleveland entre, et, avec tout le monde, nous défilons gravement devant lui : il nous serre la main à tous. Quelques-uns de nos compagnons sont émerveillés de cet accueil ; moi, je songe que ce serrement de mains est de tradition, presque de commande, et je ne m'en émeus pas.

Nous allons visiter le Musée, où l'on nous montre de curieuses collections de souvenirs des Peaux-Rouges.

De là, nous nous rendons au monument du libérateur Washington, et nous faisons l'ascension de la tour, cent soixante-neuf mètres de hauteur. Nous usons de l'ascenseur et mal nous en prend : on y étouffe littéralement...

Le lendemain, nous décidons d'aller visiter Mount-Vernon, qui fut la résidence de Washington. Le steamer va partir.

Mais l'infante d'Espagne visite ce matin la ville,

on nous annonce qu'elle va passer, nous l'attendons — et le steamer part sans nous.

Nous prenons le suivant — il y a un départ toutes les heures — et nous voici sur le Potomac, le grand fleuve aux eaux jaunâtres.

La résidence historique de Washington est sur la rive de ce fleuve, dans un site charmant; elle m'a paru plus coquette que la Maison-Blanche. Comme cette dernière, elle est entourée d'un beau parc, dans lequel j'ai salué le tombeau de Washington et de la compagne de sa vie.

Les souvenirs du libérateur sont pieusement conservés dans la maison qu'il habita; j'en ai vu aussi quelques-uns de Lafayette.

Rentrés à Washington, nous faisons en voiture, à travers la ville, une promenade que nous prolongeons jusqu'au cimetière.

Oh! ce cimetière de Washington! Un grand jardin de Smyrne, peuplé de rosiers, de citronniers et d'orangers, un vrai parc de plaisance! Que le sommeil éternel doit être doux sous ces ombrages, et que nous sommes loin de nos froids cimetières de Belgique!

Nous voici au 26 mai, date de notre départ pour Chicago.

A onze heures et quart, nous montons dans le pullman-car, wagon-lit dont la banquette devient, la nuit, une couche assez confortable et commode.

La campagne que nous traversons est pleine de variété. Beaucoup de prairies et de bois, partout une végétation superbe.

Voici Harper's-Ferry, où se livrèrent les grandes batailles dans la guerre entre le Nord et le Sud...

Nous dînons dans notre wagon; nous sommes pour cela suffisamment bien installés... C'est le dîner qui laisse à désirer...

Nous roulons toujours à toute vapeur à travers un pays de plus en plus boisé et coupé de montagnes (les monts Alléghanis) qu'il faut contourner, en sorte que la voie n'est là qu'une succession de courbes.

Le site s'est fait pittoresque, plus qu'agreste, sauvage; nous sommes dans une forêt que le train met huit heures à traverser.

Nous arrivons à Pittsburg, le pays des mines de pétrole; de tous côtés, se dressent les hauts-fourneaux : ce tableau me rappelle en plus grand celui de Charleroi.

Ici, nous sommes invités à avancer nos montres

d'une heure — c'est le changement de méridien —
et il se trouve que nous devrions déjà dormir. Nous
regagnons nos pullman-cars, déplions notre cou-
chette, et en route pour le pays des rêves.

Le lendemain, à 8 heures, nous sommes tous
debout. Nous cédons la place aux nègres qui font
la chambre — j'entends qu'ils replient les lits —
et nous nous laissons aller à considérer le paysage :
des prairies à perte de vue.

A 11 heures, une vaste nappe d'eau apparait :
c'est le lac Michigan, que nous allons côtoyer.

Tout à coup, une épouvantable secousse nous
jette les uns sur les autres... Notre train a sauté
hors de la voie.

Nous en sommes quittes pour la peur et une
courte attente. On nous transborde dans un autre
train, nous repartons et, en quelques minutes,
nous sommes à Chicago.

Emballés dans un mauvais omnibus, nous
sommes véhiculés jusqu'à un hôtel d'aspect peu
engageant et d'intérieur assez sale, dont les
chambres manquent absolument de confortable.
Mais quoi ! c'est l'Exposition, on doit s'arracher les
abris.

Dans l'après-midi, nous visitons la ville. Elle est mal pavée et, par endroits, d'une malpropreté repoussante.

Nous avons hâte de voir l'Exposition et, dès le soir, nous nous y rendons en bateau par le lac.

Fatigués, moulus, nous ne pouvons y donner qu'un coup d'œil d'ensemble. Nous y reviendrons.

Nous passons notre dimanche, 28 mai, à parcourir la ville en voiture. C'est une copie de New-York. J'y retrouve les mêmes avenues tirées au cordeau, les mêmes magasins où les affaires se traitent à la course, les mêmes constructions monumentales mais dépourvues d'élégance. J'ai vu là des maisons de vingt-quatre étages.

Nous visitons l'Auditorium, le plus vaste et le plus bel hôtel de Chicago ; il est surmonté d'une tour d'où nous voyons toute la ville se dérouler au-dessous de nous.

Nous parcourons les différents quartiers de l'aristocratie de Chicago ; la cinquième avenue pour New-York, c'est ici la Michigan-Avenue. Le State-Street est la rue des magasins.

A Chicago, comme à New-York, on redoute fort les incendies, qui y sont fréquents d'ailleurs ; aussi la ville s'est-elle dotée d'un service de pompes ad-

mirablement organisé et d'une extraordinaire célé-
rité. Cette organisation est indispensable; par
suite de l'inflammabilité des maisons de Chicago,
comme de celles de New-York, maisons dont la
façade seule est en pierre et dont les autres murs
contiennent de tout, même des couches de carton-
pâte, un retard de cinq minutes dans l'arrivée des
pompes permet à l'incendie de se développer jusqu'à devenir un effroyable sinistre.

Nous faisons une excursion dans le Lincoln-Park.

Chicago compte quinze parcs, tous magnifiques :
Lincoln-Park tient la tête par l'étendue et la beauté,
toutes les lignes de chemin de fer y aboutissent,
ce qui a nécessité la construction de sept gares.

Aujourd'hui, lundi, nous nous engageons dans
l'Exposition. Nous sommes arrivés par le railway
électrique qui en fait tout le tour.

Elle est d'un singulier contraste avec le noir,
l'enfumé de la ville de Chicago, cette Exposition
toute en couleurs vives sur un fond blanc !

Notre première visite est pour l'exposition belge,
devant laquelle nous éprouvons un frisson d'orgueil.
Elle est bien installée et occupe une surface de
quatre cent cinquante cinq hectares ! Nos industries

nationales y sont admirablement représentées ;
c'est la patrie que je retrouve là, dans ce qu'elle a
de plus grand, de plus artistique, de plus beau.

Dans un serrement de main muet, mes compagnons belges et moi échangeons notre joie patriotique, et, tandis que nous nous découvrons devant
le drapeau national, notre pensée s'en va vers la
terre natale et celui qui préside aux destinées de
notre chère Belgique.

L'exposition de peinture où l'on a groupé les
envois de tous les pays d'Europe nous apparaît
grand'ose, éblouissante ; nous restons en admiration devant celle des machines électriques, et la
carrosserie américaine nous retient aussi un long
moment.

Voici une spécialité à destination lugubre, et l'on
n'en a pas le sentiment, tant la chose paraît légère,
élégante, presque coquette : les corbillards vitrés
d'Amérique.

Uu coup d'œil au pavillon de la Pêcherie, une
station à celui de l'Horticulture.

Nous suivons les expositions des divers Etats de
la fédération. Voici les pyramides d'oranges de la
Californie, une plantation de canne à sucre de la
Louisiane, un châlet de la Floride, des pétrifica-

tions d'arbres de l'Avizona, un tronc d'arbre géant dans lequel sont installés deux escaliers, l'un pour monter, l'autre pour descendre...

Le lendemain, nous courons aux originalités de Midway-Plaisance.

On a élevé là, sur le modèle de celle qui figure à l'Exposition de 1889 à Paris, mais en plus vaste, une superbe rue du Caire. J'y vois aussi un village dakonien et des établissements égyptiens et moresques où l'on nous fait assister à l'éternelle danse que vous savez...

Deux villages artificiels attirent les visiteurs : l'un est un village allemand, l'autre est une copie exacte de ceux de la verte Erin...

A propos de l'Allemagne et de l'Islande, nous avons visité les expositions particulières des divers Etats de notre Europe et de l'Amérique du Sud. La plupart ne sont pas encore terminées, mais on peut déjà juger de ce qu'elles seront.

Mettant à part la Belgique, la palme reviendra, je crois, à l'Allemagne. Elle a fait là un effort gigantesque, à la hauteur de son ambition industrielle et commerciale. Après elle, je placerais l'Angleterre, la France, la Suède...

Je retourne aux attractions. Elles sont innombrables, mais beaucoup me paraissent d'un goût douteux, telle cette immense roue en bois dans le creux de laquelle prennent place les amateurs et qui tourne, donnant le vertige aux uns, le mal de mer aux autres...

Le théâtre de l'Exposition n'étant pas achevé, nous passons notre soirée à l'Auditorium, le grand théâtre de Chicago. On y donne « Christophe Colomb », un splendide ballet qui retrace la découverte du Nouveau-Monde.

Si vous voulez savoir l'impression que m'a laissée l'Exposition de Chicago dans son ensemble et ses détails, la voici toute franche :

Je m'attendais à quelque chose de grand jusqu'au gigantesque : je n'ai pas été détrompé; mais elle m'a fait l'effet d'une ébauche plutôt que d'une œuvre définitive. Elle m'a paru inachevée, presque bâclée, comme on dit en France, et forcément imparfaite. En France? Il n'y a encore que là et surtout à Paris qu'on atteigne à la perfection du genre.

Nous n'avons pas voulu quitter Chicago, sans voir un Stock-Yard, lisez un Abattoir. La réputation industrielle de Chicago vous est assez connue pour que vous vous figuriez l'importance et les proportions de cet édifice.

D'abord, nous voici devant les parcs où s'entassent les pauvres bêtes, bœufs, porcs, moutons, arrivés la veille du Far-West. Les Cow-boys sont encore là, à cheval, armés de leurs longues piques, et surveillant le bétail.

Nous montons à l'abattoir et nous assistons à un commencement d'exécution. Le cœur me tourne, et, dans cette seule matinée, on a abattu, rien qu'en bœufs, cinq mille bêtes ! Et l'on me fait remarquer que c'est la morte-saison !

Nous risquons un coup d'œil dans la salle de la charcuterie : le porc y est entré vivant, et, en rien de temps, il en sort sous la forme de jambons et de boudins !

La fabrique de margarine est dans les sous-sols, nous y descendons, pour remonter aussitôt. Quelle odeur insupportable de suif ! C'est à dégoûter à jamais du beurre...

On nous conduit aux écuries où sont gardés et soignés les chevaux qui servent au transport des marchandises ; j'ai compté jusqu'à trente de ces écuries, contenant chacune une vingtaine de chevaux !

Je résume mes impressions :

Bien plus que New-York, Chicago vous donne la sensation du grand, de l'immense, du démesuré. C'est la ville-colosse, telle que l'auraient conçue les antiques géants. Elle rayonne sur toute l'Amérique par vingt-six lignes de chemins de fer et brasse près de six milliards d'affaires par an. Comme développement, on ne sait où elle s'arrêtera; elle est certaiment appelée à devenir la ville la plus considérable des deux mondes, et ce doit être l'idéal de ses enfants. Mais cet idéal atteint, Chicago pourra bien être la première ville de l'univers par les proportions, le chiffre de la population et l'importance des affaires, elle ne sera jamais qu'un phénomène, et comme tous les phénomènes, elle manquera toujours de la beauté qui attire et des charmes qui retiennent.

Nous avons, quelques-uns de mes compagnons et moi, inscrit dans notre programme, une excursion au Canada.

Ce matin, 1er juin, notre compatriote, A. de P***, qui habite le Canada, vint se mettre fort gracieusement à notre disposition.

Nous quittons Chicago à 3 heures de l'après-

midi, en pullman-car. Nous passons sous le lac
par le tunnel...

Le lendemain, à 11 heures, nous sommes à
Niagara. Après un déjeuner rapide, un cocher nous
prend et nous conduit aux fameuses chutes qui
nous sont signalées de loin par un bruit sourd et
grandissant jusqu'à donner l'illusion du roulement de plusieurs trains à la fois sur un pont.

A un détour du chemin, une des chutes nous
apparaît partiellement. Je dis une des chutes, car
il y en a deux : la chute canadienne, sur la limite
du Canada, et la chute américaine, sur la limite
des Etats-Unis.

C'est la première qui est la plus belle, la plus
imposante des deux. Elle tombe d'une hauteur de
160 pieds et décrit un arc de cercle de 600 mètres.
La chute américaine a 166 pieds de haut mais son
élan est beaucoup moindre.

Le bruit de ces chutes est assourdissant, on
dirait assister à l'écroulement d'un monde. L'aspect de la nappe d'eau qui tombe est d'un effet
écrasant. Arrivée en bas, elle se brise, bouillonne
et s'élance blanche d'écume, comme un fleuve de
neige...

Revêtus d'imperméables, nous nous aventurons
au pied du rocher, entre le lit de la chute et la

nappe qui tombe. La chute est là, sur nos têtes
devant nous, nous séparant du monde...

Un photographe nous offre ses services ; nous
les acceptons et il prend notre groupe.

Il n'y a pas que le spectacle des chutes à admirer
ici. Le pont gigantesque qui relie les rochers au
parc de la Reine Victoria est monumentalement
beau.

L'île de la Chine et celle des Sœurs sont aussi à
voir.

Rentrés à Niagara, nous partons pour Kingston ;
nous nous y embarquons sur le lac Ontario pour
gagner Toronto, où nous arrivons à huit heures
du soir.

Toronto est une ville industrielle qui n'a de
curieux que son industrie. Nous y faisons, à notre
lever, le lendemain matin, une courte promenade
en voiture, et de nouveau nous nous embarquons
pour nous rendre à Montréal.

La navigation sur le lac Ontario serait intéressante, mais notre bateau est un mauvais sabot, j'y
occupe une cabine exécrable.

Je passe une mauvaise nuit et je suis réveillé par

un coup de vent qui a failli renverser et couler notre bateau.

Il est sept heures du matin quand nous entrons dans le Saint-Laurent que nous allons remonter jusqu'à Montréal.

D'abord ce beau fleuve nous produit une impression bizarre. A cet endroit, il est semé d'une infinité d'îlots, qui ont fait donner à l'endroit le nom de « Les Dix Mille Iles ». Les îles passées, le Saint-Laurent nous apparaît dans toute sa majestueuse largeur.

Le site est boisé, sauvage.

Nous arrivons aux fameux rapides, dits Rapides de la Chine ; nous les traversons péniblement, le bateau penche au point de nous inquiéter. Heureusement ce sont des Indiens peaux-rouges qui nous pilotent et tiennent la barre, et ils connaissent merveilleusement cette passe difficile.

Nous passons devant le village indien de Coantaaga, puis sous le pont Victoria, un pont de quatre kilomètres de long, et enfin nous débarquons à Montréal, par une pluie battante.

Montréal est une jolie ville divisée en deux quartiers, le quartier anglais et le quartier français. Du haut du Mont-Royal nous en avons une vue charmante.

Dans le quartier anglais, il faut voir l'Hôtel de Ville, construction assez remarquable, et la rue Sainte-Catherine, très longue et bordée de riches magasins.

Les principales rues du quartier français sont la rue Saint-Laurent et la rue Notre-Dame, toutes les deux très commerçantes. On n'y parle que le français et, note assez savoureuse, le français d'autrefois avec ses vieilles tournures et ses pittoresques expressions que la littérature du jour tend à remettre en honneur.

Ce jour-là, à trois heures, mes compagnons de voyage me quittent, ils vont s'embarquer pour l'Europe. Je reste seul, avec M. A. de P*** et deux de ses amis dont il m'a procuré l'agréable connaissance. L'un d'eux, van de V***, est un compatriote de Tournai.

Le lendemain je fais une visite au comte des E***, un jeune homme qui occupe une situation en vue dans un grand syndicat agricole du Canada. Il connaît parfaitement le pays et je tiens à savoir de lui ce qu'il en pense.

Il s'en explique très franchement.

D'abord, au point de vue des sentiments nationaux, une partie du Canada, la province de Québec,
est française, essentiellement française ; c'est la
moins riche.

L'autre partie, le Manitoba, est anglaise, et c'est
là que se trouvent les prairies, le pays de l'élevage,
la fortune agricole.

En ce qui concerne l'émigration au Canada, le
comte des E*** estime qu'elle est très risquée. On a
sans doute des chances de réussir au Canada, mais
à condition d'y venir avec des capitaux, et ceux qui
émigrent sont généralement peu fortunés.

Je passe la journée du lendemain en promenades
et excursions. Je visite l'île Sainte-Hélène — rien
de celle où est mort Napoléon Ier — qui me paraît
assez agréable.

J'apprends là qu'un incendie est en train de dé-
vorer le couvent Villa-Maria, sur une montagne
voisine.

Je m'y fais conduire. Arrivé à mi-chemin de l'ascension, je suis obligé de redescendre. La foule
s'écrase dans les sentiers qui conduisent au couvent.

Là-haut, le spectacle est terrifiant ; l'incendie ne
laissera rien debout.

J'ai su, après mon départ, que cet incendie a duré quatre jours ; le couvent a été entièrement détruit, mais il n'y a eu aucun accident de personnes.

Coantaaga, ce village indien que j'ai aperçu en passant sur le Saint-Laurent, m'attire.

Je m'y rends, et j'en suis un peu pour ma curiosité.

Le village est habité par des Indiens de la tribu des Iroquois, mais des Iroquois soumis. Ils sont vêtus de toile et tressent des articles de paille. Eux et leur village ont l'air assez misérable.

Ici, je crois devoir noter combien le procédé anglais diffère du procédé américain en ce qui concerne le traitement à appliquer aux Indiens, aux premiers propriétaires du sol. Les Américains chassent les Indiens, ils ne visent qu'à s'en débarrasser ; les Anglais les gardent sous la main, respectent leurs coutumes, cherchent à les amener à la civilisation : les premiers exterminent, les seconds colonisent.

Ce soir, je prends le steamer pour Québec.

J'y arrive vers 5 heures du matin, après une bonne nuit dans une cabine qui est excellente.

Bâtie en amphithéâtre, au bord du Saint-Laurent, dans un site plein de charmes, Québec est, en somme, une assez jolie ville ; mais elle est mal entretenue et, par endroits, assez sale. Les trottoirs de ses rues sont en bois.

Elle m'a paru cependant assez ouverte au progrès ; l'hôtel où je suis descendu est éclairé à la lumière électrique.

Dans les environs, j'ai vu les chutes de Montmorency, qui rappellent de loin celles du Niagara. On me raconte qu'une miss anglaise s'est tuée là, il y a deux ans, d'un coup de revolver.

Mon hôtelier est un Canadien français et il s'exprime sur le compte de la France en termes d'une sympathie des plus vives. Ses compatriotes partagent les mêmes sentiments de fidélité de cœur à la nation qui fut leur première mère ; la majorité d'entre eux sont des descendants de Français.

L'hôtelier me donne aussi quelques renseignements sur le pays. Les hivers y sont, paraît-il, d'un froid rigoureux.

J'ai fait une excursion à Saguenay-River, en suivant le Saint-Laurent. Ces rives m'ont rappelé les bords de la Meuse.

La rivière de Saguenay est encaissée entre de

hautes montagnes boisées ; on dirait un gave pyré-
néen.

Le temps est magnifique et il me semble que le
climat de ce pays doit être très doux. On me con-
firme dans cette impression en m'apprenant que
les bords du Saint-Laurent sont très fréquentés des
Américains comme villégiatures.

Je pars de Québec pour Boston, j'y arrive le
16 juin, un vendredi, à 9 heures du matin.

Boston est une ville riche, bien bâtie, avec de
belles rues et d'élégants magasins. Les maisons de
construction élégante et les hôtels particuliers y
abondent. Les habitants ont beaucoup du caractère
anglais et ils m'ont paru d'un commerce plus
agréable que ceux de New-York.

Mais il pleut, il pleut !

Le dimanche se lève. La pluie a cessé.

Comme à Londres, les maisons de commerce
sont fermées. Boston pratique le respect du
dimanche.

Je visite le Franklin-Park, vaste et superbe promenade, où je me trouve en nombreuse compagnie :
la moitié de la population de Boston est là.

Le lundi, à 9 heures du matin, je m'embarque
pour New-York où j'arrive vers 3 heures.

Un détail : en Amérique, on ne vous prend rien
pour le transport des bagages.

Je passe la nuit à New-York où j'attends le départ
du steamer pour la Floride. J'embarque le mardi à
3 heures, sous le pont de Brookling.

La nuit est calme. Je jouis d'une cabine confortable où je dors copieusement.

Hélas ! on ne saurait tout avoir : la nourriture
du bord est exécrable.

Toute la journée du jeudi, la mer a été fort
agitée. Le vendredi, elle s'est calmée. Nous relâ-
chons à Charleston, dans la Caroline du sud. La
ville est insignifiante, je ne vois que des nègres et
la température est si élevée que je m'expliquerais
au besoin qu'il n'y eût là que des noirs.

Nous arrivons à Jaksonville, par la rivière Saint-
Jean, le samedi 14 juin, à 9 heures du matin.

La ville a un aspect assez sale. Elle est assise au
milieu d'une forêt de verdure et tout encadrée de
palmiers. La chaleur y est insupportable en cette
saison ; l'hiver, la température est encore assez

élevée et les Américains y villégiaturent volontiers.

La population !

Des nègres vêtus de blanc, armés de parasols.

Jaksonville suit le progrès de loin. Ses rues sont sablées et les tramways qui la traversent sont traînés par des mules.

Les bords de la rivière Saint-Jean sont très boisés. Aussi bien les forêts abondent, toutes vertes, superbes de végétation.

Le dimanche, je trouve le moyen de manquer mon train pour Fernandina. Je passe la journée à courir la campagne, et, le lundi, je m'embarque pour Palatka.

Le pays est de plus en plus boisé, d'ailleurs très plat. On ne voit que forêts de pins et bois d'orangers et de bananiers. Quelques pommiers et quelques poiriers. Il paraît qu'en hiver la végétation est splendide.

Je remarque que le sol est très sablonneux ; un instant même je crois ne fouler que du sable. C'est le terrain fruitier par excellence.

Depuis quelques années on s'est mis à cultiver la vigne, qui réussit parfaitement en Californie ; ici, l'expérience n'est pas encore concluante.

Je descends à Palatka, un village délicieux dans un bois d'orangers.

La chaleur est accablante. Le soir seulement, une légère brise s'élève, après laquelle il faut soupirer toute la journée.

Je pars pour Sainte-Augustine.

Je traverse d'immenses forêts de pins où sont installées et fonctionnent des scieries.

Sainte-Augustine m'a rappelé Nice. Elle est presque tout entière à l'ombre et possède de belles avenues. L'hôtel où je suis descendu est, me dit-on, le plus vaste du monde.

Nice par la situation, mais une Nice morte : il est vrai que ce n'est pas la saison.

Je retourne à Jaksonville, où l'on me montre une collection de petits alligators à acheter, ainsi qu'une autre de peaux de serpents et de crocodiles. J'achète un alligator, empaillé, bien entendu.

Je pars pour la Géorgie et je descends à Savannah, la première ville, une charmante station d'hiver.

La ville est propre, bien entretenue ; ses rues sont asphaltées ; elle possède un beau parc et quelques hôtels excellents.

De là, je me rends à Richemond, dans un pays montagneux et qui doit être fort riche : il n'y a que des banques, à Richemond.

Je note que j'y ai subi un terrible ouragan de pluie.

Le 1er juillet, je reprends le pullman-car, pour rentrer à Boston et de là à New-York où j'arrive le 2, à 7 heures du matin.

Je passe quelques jours à me promener à travers la ville, à revoir en détail ce que j'ai déjà vu en gros. Je fais pour mes sœurs une formidable provision de souvenirs photographiques.

Le 6 juillet, je suis en steamer les rives verdoyantes de l'Hudson.

Le 7, je me fais transporter à Atlantic-Hyland, un petit village dont New-York a fait une station balnéaire très fréquentée, mais assez ordinaire.

Toutes les constructions sont en bois.

A chaque étage des hôtels sont suspendus, sur les balcons, des hamacs de couleurs diverses et dans lesquels des misses américaines se balancent pour faire leur sieste.

Le 8, je visite encore une autre plage, Long-Branch. Elle est insignifiante, mais les promenades sont si belles qu'il y a une affluence énorme et des plus élégantes. J'ai eu là un aperçu de la vie américaine, j'entends de la vie luxueuse.

Par les prairies verdoyantes s'élèvent des cottages, des villas qui ressemblent à des châteaux.

Pas de piétons ou fort peu, mais des omnibus, des voitures en nombre et de brillants équipages.

Le soir, à 9 heures, dans mon hôtel, le bal commence ; ce sont les enfants qui ouvrent la fête. A 11 heures, ils se retirent, laissant la place aux grandes personnes. Vers minuit, tout le monde passe dans la salle à manger où un souper de viande froide arrosée de thé est servi par des nègres.

Le lendemain, comme je flâne sur la plage, j'assiste au défilé des dames se rendant au bain : je remarque l'extrême décence de leur costume, costume *ad hoc*, d'une très ordinaire simplicité.

Dans la journée, ces dames changent plusieurs fois de toilette : toilette du matin sans luxe, toilette de l'après-midi, généralement blanche, le soir robe décolletée et à traîne. Leurs chapeaux m'ont paru passablement excentriques.

Ah ! le chic de Paris, la grâce de Vienne et de Bruxelles !

Cette après-midi, le temps étant beau, l'Océan-

Avenue, rendez-vous des équipages, m'a donné le spectacle d'une véritable foire aux vanités.

Mais j'avoue que les équipages sont très élégants, les chevaux fringants, que j'ai pris plaisir à voir de jolies misses conduire elles-mêmes leurs petites voitures superbement attelées et qu'aucune plage d'Europe ne peut donner l'idée d'un pareil mouvement.

Il n'y a pas que des New-Yorkais à Long-Branch, j'y ai rencontré aussi beaucoup d'Allemands.

Le 12 juillet, je suis de retour à New-York. J'emploie ma matinée à faire mes préparatifs de départ.

A 2 heures, je monte en voiture et me fais conduire à Jersey-City, où le *Westerland* chauffe en rade.

Je monte à bord, je vais inspecter la cabine qui m'est attribuée. C'est une cabine intérieure où je serai seul. Tout va bien.

Je retourne sur le pont d'où j'assiste à l'arrivée et à l'embarquement des passagers.

Surprise et joie !

Mes compagnons de voyage, qui m'ont quitté pour aller visiter la Californie, se présentent au complet.

Il est 4 heures.

Un coup de sifflet retentit : en route pour l'Europe !

Le 22 juillet, à 11 heures du matin, nous débarquons à Anvers.

Maintenant, que vous dire de ce voyage en Amérique ?

Que j'en suis revenu ravi ?

Non ; le sentiment que j'en ai rapporté, je ne l'ai éprouvé nulle part ailleurs, ce singulier mélange d'ahurissement et d'admiration, ce besoin de crier tour à tour « bravo ! » et « assez ! »

Aussi bien, je dois confesser que je n'ai pas eu le temps de voir l'Amérique comme il faudrait l'avoir vue pour la juger et s'en faire une opinion définitive. Je me promets de la revoir, pour l'étudier.

En attendant, je crois pouvoir affirmer que, si l'Amérique est restée inférieure à l'Europe sur certains points qui sont, pour ainsi dire, les jolis côtés de la civilisation, j'entends les lettres et les arts, elle nous a atteints par la science et dépassés par l'industrie pratique. Du train dont il marche, le Nouveau Monde peut prétendre à tout.

FRANCE

A mon retour d'Amérique, je suis venu m'installer à Paris, la reine des capitales du monde.

Je n'aurai point l'outrecuidance de vous la présenter, la ville célèbre que tant de maîtres ont passé leur vie à fouiller et à décrire.

On voit Paris en huit jours, on est conquis à son caractère et à ses charmes dès la première heure; on ne connaît toute sa grandeur, toutes ses beautés qu'après des années et des années de séjour.

Les guides vous disent : Paris est divisé en deux parties par son fleuve, la Seine; parties ainsi désignées par les Parisiens : la rive droite et la rive gauche. La rive gauche, c'est le vieux Paris, la Cité, Notre-Dame, l'Institut, la Sorbonne, le quartier latin, le Luxembourg; c'est le Châtelet, le Palais de Justice, la Sainte-Chapelle, les grandes Éco-

les. Il vous suffira d'un jour, deux au plus, pour
tout voir...

Vous partez, sur la foi de ces indications, et
quand vous êtes sur la rive gauche, vous y restez
des semaines et il vous reste à voir encore. Vous
avez bien visité les monuments, mais vous ne savez rien de ce vieux Paris où tout est curieux et
instructif et qui vous attache comme un livre de
contes féeriques.

De même pour la rive droite. Du Louvre à la
butte sacrée de Montmartre, de la porte de Vin-
cennes à celle du Bois de Boulogne, en prenant
par la Bastille, les boulevards et les Champs-Élysées, il y a un monde à parcourir et à voir, un
monde où vous marchez étonné et ravi, comme le
poëte « tout debout dans son rêve étoilé ».

Notez qu'entre les deux rives, il y a la Seine et
les quais à visiter, et ailleurs les faubourgs et les
boulevards extérieurs, et cette butte sacrée dont je
parlais tout à l'heure, Montmartre, le cerveau de
Paris, pour parler comme l'école grandiloquente
ou ironiste qui a son académie et ses cabarets là-
haut, au pied de cette église du Sacré-Cœur qui
sera, terminée, la fille architecturale de Sainte-So-
phie de Constantinople.

Et quand vous aurez vu tout cela, vous ne vous

lasserez pas de parcourir les Champs-Élysées, vous les suivrez jusqu'à l'Arc de Triomphe, l'avenue du Bois vous entraînera, le Bois vous retiendra, vous charmera au point que vous ne pourrez plus vous dispenser d'y revenir tous les jours : le matin, avec les cavaliers, les amazones, les bataillons de cyclistes, hommes et femmes ; le soir, à l'heure des équipages, quand le Tout-Paris défile dans l'allée des Acacias ou roule autour du lac.

Remarquez qu'ayant vu et possédant bien tout cela, vous ne connaîtrez qu'une partie de Paris, que vous n'en aurez pas vu la ceinture et qu'il vous faudra encore passer les fortifications, voir les environs qui continuent la capitale et ne sont pas un de ses moindres charmes...

Vous irez d'une part jusqu'à Saint-Germain, la petite ville historique, toute en terrasse sur la Seine, et perdue dans la verdure, entourée d'une forêt ancestrale qui, elle aussi, a son nom dans l'histoire ; de l'autre, jusqu'à Versailles, la ville des rois, en passant par Saint-Cloud, dont le château abrita les beaux jours du second Empire.

Versailles vous étonnera par le silence de ses rues et de ses places. Sans la garnison, Versailles serait, comme Bruges, une ville morte.

Et quel passé brillant, bruyant, tumultueux elle
rappelle pourtant! Louis XIV, Louis XV, Louis XVI,
Marie-Antoinette, la Révolution... Vous n'avez qu'à
lire les noms de ses rues : c'est comme un livre où
l'histoire revit aux yeux. Vous y lirez surtout des
noms de femmes, de reines, de filles de rois. Dans
le séjour que j'ai fait à Versailles, j'ai habité la rue
Sainte-Adélaïde ; c'est la rue de province dans tout
son calme et toute sa simplicité.

Il vous faudra plus d'un grand jour pour voir
Versailles et y revenir encore un dimanche pour
assister, du haut de la terrasse du palais, au spectacle du jeu des grandes eaux dont les Parisiens
sont très friands.

Je vous recommande le parc et Trianon ; ce sont
là des merveilles tout embaumées des magnificences de l'histoire et qui, même sans ces souve-
venirs, vous raviraient encore.

L'an dernier, Versailles ressuscita tout un jour
et toute la soirée, il redevint le Versailles de
Louis XIV : le Tsar, comme autrefois son ancêtre
Pierre le Grand, visitait Versailles qui s'était réveillé de son long sommeil pour lui faire honneur.
Tous les journaux vous ont donné le récit de cette
splendide résurrection.

Il vous faudra aussi voir Chantilly et son châ-

teau et son parc, la résidence des princes de Condé,
un séjour vraiment royal que son propriétaire
actuel, le duc d'Aumale, oncle de Léopold II, a
légué à l'Académie française.

Et Compiègne, son château, sa forêt, ses chasses,
et Pierrefonds, autre résidence historique, séjour
aimé de la dernière cour impériale — l'Impératrice
prenait souvent le titre de comtesse de Pierrefonds
pour ses voyages — : ce n'est pas sans émotion
que j'ai revu ces endroits charmants où, à l'âge de
quatorze ans, je faisais avec quelques cousins, mes
débuts dans l'équitation...

Rentrons à Paris, que nous n'avons fait qu'apercevoir et qu'il nous faudrait revoir et étudier des
années avant de nous ass'miler cet esprit particulier sans lequel on ne goûte la grande ville qu'à
moitié ou même pas du tout.

Cet esprit est fait de détails, de pointes, de bizar-
reries, d'excentricités. Il surveille l'actualité, il en
vit, il la prend sur le vif ou au vol. Il pétille, il
mousse, lance sans effort le trait ou crée spontané-
ment le mot qui pendant huit jours fera rire l'Europe ou l'ahurira.

Tout le caractère parisien est là, dans cet esprit
léger, primesautier, qui échappe à l'analyse et

déroute perpétuellement celui qui veut l'étudier.

Remarquez que le Parisien de Paris est très rare, presque un merle blanc. Dans ce groupe qui passe, il y a un Gascon, un Normand, un Marseillais, un Auvergnat, il y a un représentant de chaque province, et souvent il n'y a pas de vrai Parisien. Il faut donc conclure que Paris est doté d'une atmosphère spéciale dans laquelle le provincial s'affine et devient Parisien.

A noter, dans ce caractère léger, une grande propension au sentimentalisme et une facilité d'enthousiasme qu'on chercherait vainement ailleurs. Ce Paris qui rit, chante et blague, a d'extraordinaires délicatesses de cœur et d'irrésistibles emballements.

Avec cela, amoureux de l'uniforme militaire, jaloux de son armée, passionné pour ses trois couleurs. Voyez une revue du 14 juillet, à Longchamps, vous retrouverez tout de suite le peuple chauvin.

Il est entendu que la Parisienne est un puits d'esprit et de bon goût, un modèle d'élégance, un trésor de grâce. On a créé pour elle un mot qui ne dit rien et qui dit tout, le chic. Un mot vieilli d'ailleurs, car à Paris les mots vieillissent et, du jour au lendemain, sont remplacés par d'autres qui passent à leur tour, en sorte qu'avec ses néologismes à jet continu la langue parisienne n'est pas précisément facile à parler.

Je reviens à l'esprit, à l'élégance, à la grâce, au chic de la Parisienne. Il faut bien croire que tous ces brevets sont mérités, puisque le monde entier s'accorde à les contresigner; mais je tiens à mettre l'étranger en garde contre une déception possible. Il y a Parisienne et Parisienne; qu'il ne se figure pas connaître la vraie femme de Paris par les rencontres qu'il aura faites dans les endroits publics où se donnent rendez-vous les chercheurs de plaisir : le vrai Parisien vous dira que, dans ce monde-là, il y a plus d'oies que de phénix.

Le plus bel hommage que je puisse rendre à Paris, c'est que, après avoir parcouru l'Angleterre, l'Italie, la Suisse, la Hollande, l'Allemagne, l'Autriche, l'Amérique, j'ai demandé l'hospitalité à ce Paris et, partageant mon temps entre le foyer natal et ce foyer de lumières, j'y ai presque une autre patrie, grâce aux amis de ma famille que j'y ai retrouvés et aux amis nouveaux et très chers, que j'ai pu me faire tant à Paris que dans ses environs.

De Paris, j'ai fait quelques excursions en province; j'ai voulu connaître ce beau corps dont Paris
est la tête.

Au cours de mes voyages, j'avais déjà visité une
partie de la France et ses plus belles colonies : le
Midi, Bordeaux, Toulouse, les Pyrénées, Marseille,
Toulon, la côte d'Azur, Nice, et, en remontant vers
Genève, Avignon, Valence, Lyon; et l'île de Corse,
et l'Algérie, la Tunisie.

J'ai voulu voir encore les plages de la Manche,
la belle Touraine, les Vosges, les Ardennes.

Les plages de la Manche s'étendent de Dunkerque à Roscoff, de la frontière belge au cap
Gris-Nez.

La plage de Dunkerque est triste; l'aspect des
dunes dans lesquelles elle est située n'est rien
moins qu'agréable et le pays environnant, tout
plat et sans verdure, peuplé d'usines, tout à l'industrie et au commerce, n'a rien d'engageant pour
le baigneur.

Je préfère Rosendaël, à un kilomètre au nord de
Dunkerque; le pays est riant et la petite plage est
charmante.

La plage de Calais ressemble à celle de Dunkerque, mais la ville est intéressante; elle est à

moitié anglaise, et ce sont surtout les baigneurs anglais qui fréquentent sa plage.

J'arrive à Boulogne et je vois enfin une vraie plage, étendue, commode, faite d'un sable fin. Malheureusement, la mer m'y a paru mauvaise.

J'ai visité la ville; je n'y ai vu de remarquable que le château, un vieux beffroi qui m'a rappelé la Belgique, et la cathédrale Notre-Dame.

Je suis allé voir la petite plage d'Ambleteuse, qui est sans caractère; aussi bien je m'y rendais pour faire une excursion au cap Gris-Nez. C'est une masse de rochers fort sombres, élevés d'une cinquantaine de mètres au-dessus de la mer. Le phare que ce cap supporte est très puissant.

Berck-sur-Mer ne m'a pas autrement ravi; j'y ai vu un hôpital maritime fondé par la ville de Paris et un autre créé par M. de Rothschild pour les enfants israélites. Il nous est facile de conclure que cette plage est essentiellement saine.

Je passe Saint-Valéry et quelques autres petites stations sans importance pour arriver aux plages connues et réputées dont la série va commencer au Tréport.

Je n'ai, d'ailleurs, pas grand'chose à dire de cette

première, sinon qu'elle est bordée de galets fort incommodes.

Les quais du Tréport sont assez vastes. Les villas abondent à proximité de la côte, avec un souci d'élégance très visible.

J'ai fait une excursion jusqu'à la petite ville d'Eu dont j'ai visité le château historique et la belle forêt.

Nous entrons ici dans la plantureuse Normandie, et il m'arrivera souvent de m'éloigner de la côte et des plages, si belles soient-elles, pour aller admirer ce riche et beau pays normand, un des fleurons de la couronne de la France agricole.

Je n'ai pas beaucoup aimé la ville de Dieppe, elle m'a paru passablement banale, mais je reconnais à son port une importance considérable et à sa plage une incontestable élégance. Seulement, encore des galets. On trouvera peut-être que je les traite avec un certain parti-pris d'aversion, ces pauvres galets; que les baigneurs qui n'en ont pas été incommodés, me jettent le premier galet!

Les falaises de Dieppe constituent un superbe point de vue, car les environs sont ce que j'ai vu de plus pittoresque depuis Dunkerque.

J'ai encore fait un tour dans le pays, jusqu'au

château d'Arques, autour duquel Henri IV battit Mayenne et l'armée de la Ligue. A quelques pas du château commence une belle forêt.

La plage de Saint-Valery-en-Caux m'a fait l'effet d'une tranquille retraite pour les familles.

Je m'en suis éloigné pour gagner Fécamp, où je n'ai fait qu'un court séjour, attiré que j'étais par Étretat, la plus aimée des stations des côtes normandes.

On descend à la plage par une côte qui nous laisse d'abord dans une petite vallée exquise, ombragée de beaux arbres et arrosée par une rivière. Au-dessus de cette vallée, des villas, des maisons de plaisance, des châteaux même. Le site est délicieux et c'est surtout à lui qu'Étretat doit sa renommée, car je vous avouerai que la plage elle-même ne m'a pas semblé agréable.

Me voici au Havre.

C'est la cité marchande par excellence. Toute sa vie est au port et aussi toute sa beauté.

Ce port est le second de France, il vient immédiatement après Marseille et son commerce représente le cinquième de tout le commerce français; il reçoit au moins dix mille navires par an, chargés des produits de toutes les contrées de l'univers, et il en expédie autant.

Les quais, très beaux et très vastes, sont bordés d'édifices industriels, manufactures de tabac, forges, usines, corderies, raffineries. La ville est, d'ailleurs, presque tout entière, livrée à ces diverses industries.

Le Havre a deux établissements de bains de mer, connus et fréquentés : Frascati et Sainte-Adresse. Ils semblent avoir vu, ces dernières années, leur fréquentation augmenter : peut-être cela est-il dû à la villégiature que fait tous les ans au Havre, sa ville natale et son berceau politique, M. Félix Faure, président de la République.

Rouen, vieille ville rajeunie, rebâtie en grande partie, est admirablement située au bord de la Seine ; ici, le fleuve est large et beau, semé d'îles qui semblent des oasis de verdure. Les quais sont très animés, les navires s'y pressent, quoique Rouen ne soit pas un port, mais la marée se fait sentir bien au delà de ses bassins.

La ville elle-même est plutôt tranquille. Elle a de beaux monuments : la cathédrale, la tour de la grosse horloge, l'hôtel de ville ; de belles statues : Corneille, Boïeldieu, enfants de Rouen, Jeanne

d'Arc, qui y fut brûlée. Je dois aussi mentionner
les ponts de Rouen, ils sont d'une hardiesse élégante.

La grande industrie de Rouen porte son nom,
c'est la rouennerie, filature, tissage et fabrication
de toiles et d'étoffes. J'y ai vu aussi des fonderies
et des établissements métallurgiques très actifs.

Deux plages de la Manche tentaient surtout mes
curiosités de touriste : Trouville et Cabourg.

Trouville est sur la rive droite d'une rivière qui
se jette dans la mer, la Touques; en face, sur la
rive gauche, c'est Deauville, sa concurrente.

La fortune de ces deux stations a été rapide : la
création de Trouville ne remonte qu'à une quarantaine d'années ; quant à Deauville, elle date de
1862, et fut bâtie en trois ans, sous l'égide et l'im-
pulsion du duc de Morny.

Il faut dire aussi que Trouville et Deauville sont
dans un pays délicieux, à l'entrée de cette vallée
d'Auge toute fleurie de pommiers, toute verte de
prairies célèbres, et que leurs plages, celle de
Trouville surtout, sont belles. Pour Deauville, la
mer est un peu loin et ses lames un peu dures.

Mais que tout cela est encore inférieur à Ostende!
J'en dirai autant de Cabourg, qui, d'ailleurs, ne

18.

vaut pas Trouville. La note de la plage est la tran-
quillité. Les environs sont sans agréments.

Aussi bien, pour aller tout droit à mes préférences, c'est aux plages bretonnes que je vous
conduirai, c'est à Dinard que nous nous arrête-
rons.

Dinard est de création récente, vingt-cinq ans à
peine ; elle est très rapidement devenue la plage à
la mode, la plage aristocratique par excellence. Elle
est si agréable avec son sable fin, ses côtes de granit ont tant de sauvage majesté, le pays lui-
même est si curieux et pourvu de si beaux paysages !

Du haut de Dinard on a une vue merveilleuse :
à droite, le regard peut s'étendre jusqu'à Saint-
Malo ; en mer, on aperçoit Jersey ; à gauche, des
promontoires, des caps, des rochers géants, et
derrière nous, des villas, des jardins artificiels et
enfin le pays breton.

J'ai passé quinze jours à Dinard, en compagnie
d'une famille liégeoise. Nous étions descendus au
Grand-Hôtel de Dinard, qui m'a paru posséder une
riche clientèle anglaise. Il y avait, à ce moment,
un bataillon de charmantes miss.

Ah ! les belles excursions que j'ai faites là en bicyclette! Saint-Enogat, Saint-Lunaire, Cancale, aux huîtres célèbres, Saint-Malo et son rocher du Grand-Bé où est la tombe de Chateaubriand, et Paramé, où j'ai retrouvé les pavillons du Prince de Galles qui figuraient à l'exposition universelle de 1889, et enfin et surtout, le pays breton, la vieille Armorique, qui a gardé là ses coutumes, ses traditions, son costume, sa fidélité à la foi de ses pères... C'est la partie de la France qui m'a le plus fortement impressionné.

Quelle différence entre le caractère breton et celui du voisin le Normand; ce dernier si pratique, si commerçant, si moderne, à côté du Breton resté en retard d'un siècle, comme endormi dans ses légendes pieuses et ses traditions historiques!

J'ai visité Jersey, et fidèle à mes habitudes, j'ai fait le tour de l'île en bicyclette, comme j'avais fait celui de l'île de Wight.

C'est la plus importante des îles de la Manche; française d'origine et par sa position dans les eaux françaises, elle appartient à l'Angleterre, qui la doit, du reste, à ses conquérants les Normands. On voit que ce n'est pas d'hier que Jersey est anglaise. Elle est fortifiée.

Les habitants parlent encore le normand, quelques-uns le français moderne, mais l'anglais m'a semblé gagner du terrain. Toute l'île est livrée à la culture et à l'élevage.

La capitale, Saint-Hélier, quoique assez animée dans les rues du centre où réside le commerce, m'a paru triste.

J'ai visité à Sainte-Brelade l'hôtel où descendirent et séjournèrent le général Boulanger et sa compagne. Pauvre général! que de tentations et de regrets il dut éprouver là, en face de ces côtes de la France où, un moment, il aurait pu être tout, où il ne serait plus jamais rien!

Je suis allé au Mont Saint-Michel et j'ai visité sa célèbre abbaye.

La masse granitique du Mont s'élève au fond de la baie de Cancale. Quand on y arrive par le sud, on voit un amas de maisons d'un aspect pittoresque; par l'Ouest, on a devant soi les remparts et les tours : au sommet se dressent l'abbaye et le clocher de l'antique église.

Une visite curieuse et impressionnante, c'est celle des souterrains de l'abbaye, avec leurs cachots et leurs oubliettes. Vous savez sans doute le passé de ce monastère ; même de notre temps, jusqu'en 1874, il a servi de prison politique. Je n'y ai plus vu qu'un orphelinat, œuvre fondée par l'évêque de Coutances.

J'ai passé toute une journée au Mont-Saint-Michel.

J'ai poussé ma visite jusqu'aux plages nantaises. J'ai vu Guérande, la ville des cloches, juchée sur un coteau, d'où, entourée de remparts et de tours, elle domine les marais et leurs salines. J'ai vu le Pouliguen et le Bourg-de-Batz. Le Pouliguen est une jolie plage avec une agréable promenade, le long du quai.

Bourg-de-Batz, à la pointe d'une presqu'île, est la ville des touristes. Pour y arriver, on passe au pied du mont Saint-Esprit, joli point de vue d'où l'on découvre tout l'estuaire de la Loire et les grands marais salants, tableau bizarre pointé de monticules blancs, dont je prends la description en quatre vers savoureux dans l'œuvre du poète Richepin, *la Mer* :

> Ces cônes sont les tas de sel sur les *ladures ;*
> Et ces riches tapis aux brillantes bordures
> Ne sont que les *côbiers*, les *fares*, les *œillets*
> Où l'évaporement laisse de gros feuillets...

J'ai souligné à dessein les vieux termes bretons ;

vous en pénétrerez facilement le sens, sans avoir
recours au dictionnaire où vous ne les trouveriez
pas.

Hector Malo a écrit également un joli roman
dont la scène se passe dans ce cadre des marais :
Romain Calbris.

J'emporte de toute cette excursion et surtout des
plages bretonnes, des souvenirs inoubliables.

Je retourne à Paris, mais pour descendre à Aix-
les-Bains.

Aix est une ville de quelque sept mille habitants, agréablement assise dans une plaine qu'en-
tourent les montagnes, situation qui lui vaut
un climat de choix. Joignez à ces avantages les
vertus de ses eaux thermales et vous aurez l'explication de la vogue de cette petite ville qui reçoit annuellement cinq fois plus de touristes et de
baigneurs qu'elle n'a par elle-même d'habitants.

Le principal édifice d'Aix est l'établissement
thermal, devant lequel s'élève une façon d'arc de
triomphe qui n'est en réalité qu'un monument
funèbre, l'arc de Campanus, élevé au IIIe siècle par
Campanez à la mémoire des siens.

L'Hôtel de Ville date du XVIe siècle, c'est un

ancien château. Le casino est une construction moderne bien décorée ; j'y ai vu de jolies fêtes. Le parc, la villa des fleurs, avec ses concerts, et la promenade du Gigot qui vous conduit vers le lac du Bourget, sont pleins d'agréments.

J'ai battu les environs d'Aix en bicyclette. Le lac du Bourget m'a surtout intéressé. C'est le lac qu'a chanté Lamartine et il m'a paru bien mériter les beaux vers de l'un des plus grands poètes français. L'eau est d'un bleu très pur, magnifique ; on y pêche du poisson, le lavaret, une sorte de maquereau d'eau douce dont la chair est assez agréable et m'a rappelé celle de la fera, le poisson du lac de Genève.

Au-dessus du lac, sur les hauteurs, j'ai visité le château de Châtillon et l'abbaye de Hautecombe. Je suis allé jusqu'à la Dent-du-Chat, un rocher dont le nom vous dit la forme.

Toujours roulant sur ma bicyclette, je suis allé voir Annecy, la ville savoyarde. Encore un joli site au bord d'un lac entouré de prairies et de vignes et encadré de belles montagnes.

Ici, je me suis senti malade. Une grande excitation nerveuse, provenant peut-être des fatigues accumulées de mes voyages, m'a condamné au repos.

J'ai gagné hâtivement Genève, ma ville de prédilection, et je vous ai dit ailleurs quels soins j'ai trouvés à l'institut Champel.

Rétabli, parfaitement dispos, je suis rentré à Paris pour accomplir une excursion qui me tenait au cœur : la visite de la Touraine.

J'ai pris le train jusqu'à Blois et, arrivé là, j'ai fait mon excursion en bicyclette, moyen commode de bien voir et de tout savourer.

Le département de Loir-et-Cher, dont Blois est le chef-lieu, ce n'est pas encore la Touraine, mais c'est le commencement, et c'est déjà la Loire dans toute sa beauté, une suite adorable de collines et de coteaux plantés d'arbres fruitiers et de vignes, décorés de maisons de campagne, d'édifices élégants, de châteaux célèbres ; de riches vallées, de forêts superbes...

Déjà, ici, j'entends parler la langue française dans toute sa pureté ; les habitants sont polis, avec de l'esprit naturel et pas l'ombre de cette exagération qui m'a gâté le Midi.

Vous l'avouerai-je? En attendant la vraie Touraine, ce sont surtout les souvenirs historiques que 'ai poursuivis ici.

J'y ai vu, dans le canton d'Herbault, sur une éminence, les restes d'un ancien dolmen; à Pontlevoy, la Pierre de Minuit, ainsi nommée par les habitants parce qu'une légende veut que cette pierre branlante tourne sur elle-même, dans la nuit de Noël, à l'heure de la naissance de Jésus; à Blois, un aqueduc romain; à Montoire, sur les débris d'un ancien temple de Jupiter, les restes d'un pont, antique aussi, construit par les Romains pour donner passage à la voie qui conduisait de Tours à Chartres... J'en passe, de ces souvenirs, tous très intéressants.

J'arrive aux châteaux historiques : celui de Blois où fut assassiné le duc de Guise; celui de Chambord commandé par François Ier au Primatice; celui de Chaumont, où Catherine de Médicis pratiquait l'astrologie sous la direction de Ruggieri et où une sorcière lui prédit la mort de Henri II, son mari, dans un tournoi; celui de Ménars, résidence de Mme de Pompadour.

Tous ces édifices n'ont pas seulement pour eux le lustre du passé, la gloire à tirer de celles qu'ils ont abritées, ils sont aussi d'une architecture modèle qu'on peut encore miter, mais qu'on égale difficilement.

J'entre dans le département d'Indre-et-Loire, le véritable but de mon voyage.

Je l'ai battu en son entier. J'ai erré par ses forêts séculaires de Château-Renault, de Beaumont-la-Ronce, de Château-la-Vallière; je me suis perdu dans celle d'Amboise. J'ai vu ses vignobles de Vouvray et de Bourgueil, j'ai goûté au vin blanc pétillant des premiers et au vin rouge framboisé des seconds.

J'ai visité les superbes châteaux de Chambord, d'Amboise, de Chenonceaux qu'habitèrent Diane de Poitiers et Catherine de Médicis; j'ai vu Plessis-lès-Tours, la sombre demeure de Louis XI; Chinon où Jeanne d'Arc vint trouver Charles VII.

Quel sol riche en souvenirs historiques, et fertile et fleuri! C'est bien là ce Jardin de la France, comme on nous a toujours présenté la Touraine.

Tours, la capitale de ce Jardin, est une belle et charmante grande ville, dont j'ai admiré longue-ment le site, les édifices, les promenades. Tout y a un cachet d'élégance particulière; on sent que Tours se souvient de son passé. Son plus beau

monument, la basilique historique de Saint-Martin,
est d'un aspect grandiose et son intérieur est admirable.

Le Tourangeau m'a paru doux, affable, d'un
esprit aimable, tel qu'il convient à l'habitant d'une
terre privilégiée.

J'ai voulu voir l'Anjou; c'est la suite naturelle
de la Touraine. J'ai suivi le littoral de la Loire
jusqu'à Angers, ce que dans le pays on appelle la
Vallée; car le pays est divisé en trois parties distinctes : la Vallée, que je viens de nommer, le
Bocage et la Plaine. Le Bocage, qui rappelle une
époque terrible, comprend le pays boisé de Baugé,
Segré, Cholet et Angers, pays peu fertile et presque
triste. La Plaine, c'est Saumur, la contrée du blé
et du vin. Je n'ai pas à vous faire connaître le vin
de Saumur.

J'ai vu, sur le sol angevin, une foule de monuments de l'époque druidique, des dolmens, des
menhirs, des cromlechs, des pierres branlantes.

Comme en Bretagne, où les mêmes souvenirs
abondent, on est resté ici fidèle aux traditions et à
la foi des ancêtres.

J'ai visité le château d'Angers dont la restauration remonte à Louise de Savoie, la mère de François Ier. C'est une véritable forteresse féodale.

La ville m'a paru toute nouvelle, toute rebâtie.

Entraîné à suivre le cours de ce beau fleuve de la Loire, j'ai poussé jusqu'à Nantes.

Nantes a des quais fort animés, des promenades superbes, des monuments splendides — et je dois confesser que Nantes ne m'a pas plu. J'ai vu la cathédrale de Saint-Pierre, le tombeau de François II, le mausolée de Lamoricière, la place Louis XVI, le cours Cambronne avec sa statue du général, j'ai vu une foule de choses vraiment belles, et de tout cela, que les Nantais me pardonnent, il ne m'est rien resté qui ressemble à une impression agréable.

J'ai vu Saint-Nazaire, son port creusé dans le rivage, son vaste bassin de radoub et de construction navale, le Penhouët. C'est le port de Nantes.

Sur les quais, j'ai visité les ateliers de construction de la Compagnie transatlantique et ceux des Chantiers de la Loire, et pour la première fois je me suis trouvé devant des cuirassés et des paquebots en construction. Ces masses et la forêt d'échafaudages

qui les soutiennent sont réellement impression-
nantes.

A Saint-Nazaire, il y a la vieille ville, quelques
maisons autour d'une église du xviie siècle, près de
la jetée, et la nouvelle ville, régulièrement bâtie et
habitée par le personnel des chantiers et des docks.
Saint-Nazaire vous apparaît bien comme une puissance.

J'ai poussé une pointe jusqu'aux plages de Vil-
lez-Martin, de Saint-Marc et de Sainte-Marguerite.
Ces séjours d'été m'ont paru assez agréables.

Je rentre à Paris, pour courir vers l'Est, dans
les Vosges.

Ce massif montagneux des Vosges est plein de
sites variés, pittoresques et parfois grandioses. Ce
sont des forêts, des rochers, des torrents, des cascades, entre lesquels ont poussé des villages, se
sont développées des villes.

Les divers sommets des Vosges sont généralement arrondis et baptisés de noms particuliers dont
le plus commun est Bâlon ou Ballon.

Pourquoi cette dénomination ?

Les uns me l'expliquent en faisant appel à la
langue celtique dans laquelle le mot *Bâlon* signi-
fiait *pierre* ou *élévation de pierre* ; d'autres me di-

sent qu'elle dérive du dieu Bal que l'on adorait autrefois sur ces sommets.

Entre les deux, choisissez.

J'arrive à Gérardmer, le plus beau site des Vosges.

Je n'ai qu'un mot pour rendre mon impression : C'est splendide. — Le tableau de Gérardmer, vu des hauteurs, de la Rayée ou de la Roche-du-Rain, est merveilleux. Ce lac tranquille dans son cadre de verdure, autour duquel pousse la vie moderne sur les ruines de l'ancien village, vous fait rêver.

Actuellement, l'ancien hameau de pêcheurs qui fut autrefois Gérardmer, a des rues, des places, des édifices, des hôtels confortables. Autour du lac, s'élèvent des villas charmantes. Le premier chalet construit là date de 1844; il porte le nom du voyageur qui le fit édifier, M. Chanony : c'est la Chanonière. M. Chanony eut à la fois du goût et la main heureuse; aujourd'hui son chalet a, autour de lui, une famille nombreuse et distinguée.

La population de Gérardmer a gardé beaucoup des vertus d'autrefois : elle est polie, laborieuse, très accessible aux sentiments généreux.

Le tour du lac est, à Gérardmer, la promenade à

faire tout d'abord. Les eaux sont si claires qu'on y peut voir l'image de tout le cadre.

Je ne sais rien de plus délicieux que de voguer en bateau, le soir, sur le lac où vous arrive, répercuté par les échos, le son des cors qui vient de la rive.

Aux environs de Gérardmer, il faut visiter : les Xettes et la Haie-Grisel, des hameaux en amphithéâtre qui sont d'adorables points de vue, et la chapelle de la Trinité, au Grand-Kenné, un précipice quelque peu effrayant.

J'aime beaucoup la Suisse, je l'ai dit et répété ; cependant je serais fort tenté de donner pour le résumé de mes impressions ces vers de François de Neufchâteau adressés aux Vosgiens :

> Curieux empressés, ans vos courses perdues,
> Qu'allez-vous demander à la Suisse? Des vues,
> Des eaux, des lacs, des rocs, un peuple fier et doux ?
> Ne cherchez pas si loin ce qu'on trouve chez vous.

Le Ballon de Soultz ou de Guebwiller ou d'Alsace, pour lui donner tous ses noms, est le plus élevé des ballons des Vosges; il a 1,426 mètres d'élévation. L'ascension en est souverainement intéressante. J'ai eu de là-haut un merveilleux spectacle :

d’abord, près de moi, sous mes pieds, sous mes
yeux, des gorges, des forêts, des vallons, puis la
grande vallée du Rhin, la plaine d’Alsace, et au
loin les masses sombres de la Forêt-Noire.

En descendant du ballon d’Alsace et suivant la
pente des Vosges, je suis arrivé à la Trouée de
Belfort qui sépare les Vosges du Jura. Je n’ai pas
besoin de vous expliquer ce que signifie ce nom de
Trouée de Belfort : c’est le seul passage libre pour
pénétrer en France.

Inutile de vous faire remarquer que la trouée
est pourvue de défenses. Belfort, aujourd’hui sentinelle avancée, est fortifiée sur tous ses points et
armée jusqu’aux dents. J’ai vu là, dans le rocher,
le Lion de Belfort, symbole de la garde que monte
Belfort à la frontière de France, et aussi le cimetière des mobiles tombés en 1870 en défendant
l’héroïque petite ville.

J’ai revu Mulhouse dont je vous ai déjà parlé.
C’est toujours la riche ville manufacturière que je
vous ai présentée ailleurs.

Je reviens sur mes pas, je repasse par l’hôtel où
je suis descendu, au pied du ballon d’Alsace. Le

propriétaire de cet hôtel, un vieux garçon, me fait
l'effet d'un homme qui prend la vie par les bons
côtés et la mène gaiement. L'été, il se tient à
l'hôtel; l'hiver venu et les touristes disparaissant,
il disparaît aussi et, à son tour, va faire des excursions ou se livrer à la chasse, son plaisir favori.

Heureux homme!

Je suis descendu jusqu'à Luxeuil, dans la Haute-
Saône, Luxeuil dont les eaux salines thermales
vous sont connues. C'est, arrosée par un gros ruisseau, au nom bizarre, la Lanterne, une petite ville
assez pittoresque.

En remontant, j'ai voulu voir Plombières, un
simple chef-lieu de canton des Vosges auquel ses
eaux ont fait une réputation de grande ville.

A remarquer que tout ce département des Vosges
est inondé de sources célèbres.

Comme Contrexéville, Bussang, Saint-Vallier,
Plombières s'est développée avec sa réputation;
c'est actuellement une petite ville assez curieuse.

J'ai vu le chef-lieu des Vosges, Épinal, célèbre
par son imagerie. Permettez-moi de lui préférer la
montagne et ses sites naturels, même sauvages.

19.

Je ne comprends la ville qu'avec tous les avantages et les beautés de la grande agglomération.

Vous ne me pardonneriez pas d'avoir visité les
Vosges sans saluer Domrémy, le berceau de
Jeanne d'Arc. On m'y a montré la maison où naquit l'héroïne, avec sa statue modelée par une princesse royale de France, la vieille église où elle
allait prier, le Bois-Chenu où elle écoutait ses voix.

Chose singulière! Je me suis trouvé là, dans ce
pèlerinage à la maison de Jeanne, avec un groupe
assez nombreux d'Anglais. On me dit que ces descendants de ceux qui brûlèrent Jeanne d'Arc,
forment la grande majorité des pèlerins.

Actuellement, on élève à l'héroïne, à l'endroit où
les voix lui parlèrent, une église qui promet d'être
fort belle.

Je me rends à Nancy. C'est une belle ville qui
semble avoir gagné beaucoup depuis 1870; elle est
devenue l'un des boulevards de la frontière, mais
un boulevard ouvert, car elle n'est pas plus fortifiée qu'il y a vingt-sept ans. Je me suis vainement
demandé pourquoi, si près de la frontière, on n'a
pas, depuis cette époque, trouvé le moyen de la
mettre à l'abri d'un coup de main.

L'ancienne capitale de la Lorraine a pieusement conservé et vous montre les monuments de son ancienne grandeur.

Je la quitte pour aller faire une excursion dans les Ardennes.

Ardennes vient du celte Ard, qui veut dire hauteur. Le pays est, en effet, montagneux, tapissé de bruyères et couronné de foréts. Je le connais bien, ce pays-là, nous avons son pendant en Belgique, les Ardennes belges, et peut-être est-ce un besoin de comparer qui m'a amené.

J'ai retrouvé là, avec le même aspect général les mœurs et le langage, presque identique, de nos Ardennes. Ce langage, c'est tantôt le français pur, tantôt un patois composé de wallon et de lorrain.

La forêt des Ardennes, l'ancienne forêt druidique, est restée solennelle et sombre. Je n'y ai pas trouvé, autant que je l'aurais cru, de monuments celtiques.

Je rappelle, sans m'y appesantir, les événements terribles dont ce département fut le théâtre en 1870. J'ai vu Sedan, le champ de bataille, l'endroit où Napoléon III rendit son épée...

Passons.

Aussi bien, cette France abattue s'est ressaisie; partout les traces du désastre ont disparu. La grande nation s'est relevée, elle a repris sa place au premier rang des nations. J'ai pu constater son relèvement, sa prospérité et sa puissance sur presque tout son territoire...

Hôte infime d'un foyer qui a recouvré toute sa force de lumières, d'une terre généreuse qui a retrouvé le fil de ses hautes destinées, je n'ai qu'à faire des vœux pour la réalisation de ces destinées.

BELGIQUE

Belgique

Ce n'est pas pour vous, chers compatriotes, que j'écris ce dernier chapitre, le premier dans mes préférences. Vous la connaissez aussi bien que moi, notre Belgique, et je ne saurais ni vous rien révéler d'elle ni vous la faire aimer davantage.

C'est pour mes lecteurs de France, de Suisse, d'Allemagne, c'est pour tous ces pays que je viens de visiter et qui m'ont permis de voir et de savourer leurs beautés, leurs qualités et leurs charmes. A mon tour, je tiens à leur dire : « Voici la Belgique, regardez-là, connaissez-là, vous l'aimerez. »

La Belgique est d'origine celtique pour une part, germanique pour l'autre ; de là une division bien marquée dans son caractère national, laquelle a toujours existé et existe encore.

Conquise par les Romains après une résistance héroïque — Jules César a proclamé les Belges les premiers soldats de la Gaule — elle fut à la chute de l'Empire de Rome, partagée entre la France et l'Allemagne.

Plus tard, elle passa sous la domination de l'Espagne et de l'Autriche; plus tard encore, Napoléon 1er l'engloba dans l'Empire français, et elle n'en fut détachée que pour former avec la Hollande le royaume des Pays-Bas.

1830 arrive enfin, et, cette fois, la Belgique va être elle-même, le pur royaume de Belgique, indépendant, ne relevant que de lui-même et de son roi.

Neuf provinces le composent : Anvers, Brabant, Flandre Occidentale, Flandre Orientale, Hainaut, Liège, Limbourg, Luxembourg, Namur — dont la population totale est de six millions et quelque cent mille habitants. Mis en regard de celui de l'étendue du royaume, ce chiffre de population est énorme; il représente plus de deux cents habitants par kilomètre carré, ce qui n'existe dans aucun autre pays.

L'armée belge comprend quarante-cinq mille hommes sur pied de paix, et cent trente mille sur pied de guerre.

La garde civique, augmentée des corps spéciaux,

compte trente mille hommes, plus quatre-vingt-dix mille en non activité.

La Belgique n'a pas de marine de guerre ; sa marine marchande compte cinquante navires à vapeur et neuf à voiles. Il faut y ajouter une marine de pêche considérable, représentée par plus de trois cents chaloupes et un équipage d'environ quinze mille hommes.

Le gouvernement est constitutionnel et composé de deux corps principaux : la Chambre des représentants et le Sénat. A la tête de ce gouvernement est le roi.

Léopold II est le fils aîné du premier roi de Belgique, Léopold Iᵉʳ, prince de Saxe-Cobourg, qui avait épousé la princesse héritière d'Angleterre et, en secondes noces, la princesse Louise d'Orléans, fille du roi des Français, Louis-Philippe.

Léopold II a épousé S. A. I. et R. Marie-Henriette d'Autriche. Il en a eu quatre enfants : un fils, le duc de Brabant, comte de Hainaut, héritier de la couronne, décédé en 1869 ; trois filles : Louise-Marie, duchesse de Saxe, mariée au prince Philippe de Saxe-Cobourg-Gotha ; Stéphanie-Clotilde, duchesse de Saxe, veuve du prince impérial d'Au-

triche, l'archiduc Rodolphe; Clémentine–Albertine,
duchesse de Saxe.

L'héritier actuel du trône est le comte de Flandre
et, après lui, son fils, le prince Albert-Léopold.

Le roi Léopold II est très aimé de son peuple, et
il l'est à juste titre ; nul souverain ne veut plus que
lui le bonheur de ses sujets, nul aussi ne s'emploie plus complètement de sa personne et de ses
biens au développement de la prospérité et de la
grandeur nationale, témoin ce qu'il a fait pour cet
Etat indépendant du Congo, placé sous sa souve-
raineté et qui représente plus de six fois la population de la Belgique.

Le roi et la famille royale habitent à Bruxelles
le Palais du roi, en face du Parc, dont je parlerai
tout à l'heure ; en été, la cour se transporte au
château de Lacken, incendié en 1890 et reconstruit
depuis.

Voyons Bruxelles, le chef-lieu du Brabant, la
capitale de la Belgique.

Bruxelles, je n'hésite pas à le déclarer, est une
des villes les plus somptueuses, les plus belles
de l'Europe. Je n'en sais pas une où le touriste
puisse trouver davantage à glaner et à admirer.

Ses monuments sont superbes, ses musées de premier ordre, ses promenades, boulevards et parcs, d'une élégance et d'un charme rares. Comme distractions et plaisirs, du domaine hautement artistique au banal divertissement, elle peut entrer en ligne avec Paris et Vienne.

Vous trouvez sans doute que j'en parle avec une piété par trop filiale?

Jugez vous-mêmes.

Voici les monuments de Bruxelles :

Le Palais de Justice, un des plus vastes monuments du monde ; le Palais des Beaux-Arts ; le Palais du comte de Flandre ; le Palais du Roi ; le Palais de la Nation (Sénat et Chambre); la colonne du Congrès que surmonte la statue de Léopold Ier, l'Hôtel de Ville ; la Bourse du Commerce ; le théâtre royal de la Monnaie; l'Hôtel des Postes et Télégraphes...

Je ne cite que les principaux.

Parmi les églises : Notre-Dame du Sablon, du XIVe siècle; Saint-Jacques-sur-Candenberg, au péristyle corinthien ; la Collégiale des saints Gudule et Michel, du XIIIe siècle, une merveille; l'église Sainte-Marie, au dôme étincelant.

Les boulevards : du Hainaut, Anspach, de la Senne et du Nord, quatre grandes artères bordées de maisons d'une grande richesse architecturale et animées comme seuls le sont les boulevards de Paris.

Les promenades, à l'intérieur de Bruxelles : le Parc, coupé de larges allées ombreuses et décoré de groupes et de statues remarquables ; le Jardin Botanique, dont les serres sont célèbres ; le Parc de Saint-Gilles qui va, chaque jour, s'embellissant. Hors de Bruxelles, dans ses environs : le Bois de la Cambre, qui n'a qu'un rival à craindre en Europe : le Bois de Boulogne, à Paris ; le faubourg Laeken et son parc où s'élève le château, résidence d'été de la famille royale et, dans le parc qui s'étend devant le château, monument de Léopold Ier, belle statue du premier roi de Belgique sur un piédestal gothique.

Et, puisque nous sommes sortis de Bruxelles, laissez-moi vous conduire encore :

Au château d'Argenteuil, près de La Hulpe, un des rendez-vous favoris des Bruxellois ; du château nous apercevons le Lion de Waterloo ;

A Waterloo, le célèbre champ de bataille, le Lion se dresse sur un monticule de 45 mètres de hauteur ; du sommet, on découvre toute la plaine, on revoit la grande journée : le mont Saint-Jean,

le château de Hougoumont, la ferme de la Belle
Alliance et celui de la Haie-Sainte;

A Villers-la-Ville, où vous verrez les ruines d'une
abbaye célèbre;

A Hal, un pèlerinage qui peut être mis sur le
même pied que Notre-Dame de Lourdes.

Voulez-vous que nous parlions d'art?

Le Musée communal et le Palais des Beaux-Arts
vous offriront d'admirables collections d'architecture, de sculpture et de peinture, telles que Bruxelles
doit, sous ce rapport, être classée au rang des plus
riches capitales.

Les théâtres?

C'est le théâtre royal de la Monnaie, le temple
de la musique, le rival heureux des plus grandes
scènes; le théâtre royal du Parc, pour la comédie,
le drame et le vaudeville, le théâtre des galeries
Saint-Hubert; le Vaudeville; une foule de concerts.

Faut-il rappeler cette vérité banale, à force d'être
connue, que nulle nation n'a, à un degré plus élevé,
le goût et l'instinct de la musique? Nos sociétés
belges, philharmoniques ou chorales, reviennent
victorieuses de tous les concours internationaux.

Bruxelles est la terre natale des associations.
Aux sociétés dont je parlais à l'instant, il faut
ajouter les gildes, les corporations, les sociétés de
tir, de jeux, les cercles de sport... C'est la justifica-
tion de la devise nationale : « L'Union fait la force ».
Vous dirai-je que presque tous ces groupements,
sauf les associations pour l'épargne, procèdent d'un
besoin de bonne humeur et de divertissement qui
est un des traits du caractère belge ?

Connaissez-vous les kermesses traditionnelles,
les ducasses aux cortèges historiques, ces fêtes populaires d'une gaîté et d'un pittoresque dont les
cavalcades d'ailleurs ne sauraient vous donner
qu'une faible idée ?

Nous sommes sur le point des mœurs et coutumes ; nous y resterons en saluant le cabaret
bruxellois, l'estaminet légendaire, solide comme
une institution d'État. Quel restaurant haut coté
des autres capitales les vaut pour la cuisine et les
crus ?

Baissez les yeux, voici le manenk-en-pis, une
idole du peuple bruxellois qui a pour le bonhomme
un véritable fétichisme. Voici la famille des géants
— des géants en osier — grand-papa, grand'ma-

man, Janneke, Mieke, Claeske et le Turc : il n'y a
pas de vraie fête sans qu'ils y paraissent.

De l'enfantillage ?

Non.

Le culte des traditions, la fidélité d'un peuple
aux usages et aux joies des ancêtres.

Et c'est à ce peuple qu'on reproche parfois de
n'avoir pas son caractère propre, de participer à la
fois de tous les pays qui l'environnent, de ne posséder qu'un génie, celui de l'assimilation !

Partons pour Gand.

Le chef-lieu de la Flandre orientale a un point
de ressemblance avec les villes hollandaises : l'Escaut, la Lys et les autres petites rivières qui l'arrosent, la divisent en îlots. La ressemblance,
comme aspect, s'arrête là. Gand est élégamment
bâtie et elle a d'admirables monuments : l'Hôtel de
Ville, la cathédrale de Saint-Bavon, l'Université,
trois belles églises : Saint-Jacques, Saint-Michel,
Saint-Nicolas.

Elle a deux musées : le musée d'archéologie et
celui de peinture ; un jardin botanique, et ces curiosités : le grand et le petit Béguinages, des couvents qui ressemblent à de grands bourgs.

Autre curiosité, le beffroi, une tour immense

avec un carillon qui joue des airs populaires quand sonnent les heures.

Je n'ai pas à vous dire que Gand est un centre industriel et commercial de haute importance. Vous connaissez ses manufactures de dentelles, ses filatures, ses raffineries. Vous connaissez aussi la réputation de ses collections de plantes rares et de ses parterres de fleurs.

Il ne me reste qu'à vous édifier sur le caractère des Gantois : la note fondamentale de ce caractère, c'est l'indépendance et un esprit d'entreprise qui va jusqu'à l'audace. Ils se souviennent de leur passé belliqueux et le sang des ancêtres est resté pur dans leurs veines.

A propos d'ancêtres, je rappelle que Charles-Quint naquit à Gand.

Voici Bruges, la ville gothique, endormie dans le souvenir de ses gloires, Bruges-la-Morte, comme l'a appelée un poète belge en passe de conquérir le premier rang à Paris, Georges Rodenbach.

Comme Amsterdam, elle mérita autrefois d'être appelée la Venise du Nord ; on parlait des splendeurs et des magnificences de Bruges, comme on cite aujourd'hui la propreté des maisons en Hollande.

Ces temps ne sont plus. Le chef-lieu de la Flandre occidentale n'a plus que des souvenirs à nous montrer, mais quels souvenirs! quels monuments! quelle grandeur impérissable!

Allons vers la vie, vers l'animation commerciale.

Nous sommes à Anvers, première place forte de la Belgique et, entre toutes les villes commerçantes, la ville du commerce.

Vous vanterai-je son port? C'est un des plus beaux de l'Europe; quant à son importance, jugez-la : Anvers reçoit cinq mille navires par an.

Je n'ai pas besoin de vous rappeler les magnifiques expositions que cette ville a offertes au monde.

Est-ce en touristes que vous voulez visiter Anvers?

Rendons-nous d'abord à Notre Dame, la cathédrale gothique qui possède les chefs-d'œuvre de Rubens et dont les vitraux sont célèbres. A quelques pas, cet édifice grandiose, c'est l'Hôtel de Ville. Si la visite des musées vous tente, ils sont nombreux et admirablement pourvus : le musée Plantin, dans la maison même du célèbre imprimeur; le Steen, la Maison Hanséatique, la Maison moderne, le Musée des anciens, le nouveau Musée des Beaux-Arts.

Comme promenades, le Parc, le Jardin Zoologique et surtout les excursions sur l'Escaut, vers ces charmantes stations qui décorent ses rives : Hoboken, Tamise, Rupelmonde.

Qu'on me pardonne de passer si rapidement, en me bornant presque à une énumération : il me faudrait un volume pour chacune de ces villes et je n'ai plus que quelques pages, et j'ai peur de fatiguer de ma propre admiration ceux qui me lisent.

A Liège, le spectacle change. Encore une ville industrielle, manufacturière, minière, mais dans un site tout différent, au flanc d'une montagne et, en même temps, sur les bords de la Meuse.

Je ne vous dirai pas, comme les guides, qu'on se croirait transporté en Suisse, mais l'on goûte là un tableau d'un réel pittoresque.

Comme Bruxelles, Gand et Anvers, Liège a ses monuments ; mais elle a surtout sa richesse industrielle, ses manufactures d'armes, ses fonderies de canons, ses mines de charbon, qui lui ont valu une réputation européenne.

Ses environs sont de toute beauté : c'est la Meuse aux bords classiquement beaux.

Ici, à Liège, vous trouverez une autre note du

caractère belge, l'hospitalité. S'il ne vous en coûte
pas de visiter le cimetière de Robermont, vous
verrez un monument élevé à la mémoire des soldats français morts à Liège, en 1870-71.

Ce souvenir de l'hospitalité belge, un poète français, Paul Déroulède, l'a consacré dans des vers
que je ne relis jamais sans émotion. Je voudrais
pouvoir reproduire ici cet hommage au « grand
cœur » de notre Belgique.

Namur, ma petite patrie dans la grande.

Je laisse à d'autres le soin de vous vanter comme
elle le mérite, cette autre fille de la Meuse, ce nid
d'où je viens et où mon cœur est resté.

En écrivant, je l'ai là, devant mes yeux, tout
entière ; je revois sa cathédrale, son église de Saint-
Loup, sa citadelle, là-haut, sur le rocher où je
grimpais contempler les vallées de la Meuse et de
la Sambre ; son vieux beffroi, vieux de quatre cents
ans ; sa promenade de la Plante, son parc Marie-
Louise, son Kursaal.

Vous dirai-je qu'elle est belle, quand je vous ai
déjà dit qu'elle a été mon berceau et qu'elle est
restée mon adoration !

Parmi les villes qu'il me reste encore à vous

présenter, je vous demande la permission de choi-
sir, forcé que je suis de me borner.

Voici Mons et Charleroy, les capitales du pays
houiller et de l'industrie du fer, tellement connues,
si universellement réputées qu'il est presque oiseux
de rappeler leur valeur.

A Mons, chef-lieu du Hainaut, et à Charleroi,
comme à Namur, à Liège, à Anvers, à Gand,
comme par tout le sol belge, nous marchons dans
l'histoire. De la conquête romaine à presque 1850,
ce pays est un théâtre de guerres, un champ de
bataille où les convoitises européennes se donnent
rendez-vous et se défient. Nul autre pays n'a été
aussi ardemment convoité, n'a coûté plus de sang :
n'est-ce pas dire qu'il est toujours venu au premier rang pour les richesses de son sol?

Vous savez le nom des houillères de Mons, un
rom qui malheureusement retentit trop souvent
dans les journaux, le Borinage, une ruche souterraine d'une formidable puissance.

Le Hainaut représente à lui seul les deux tiers
de l'industrie houillère belge ; il extrait douze millions de tonnes de charbons par an, constituant
un marché de plus de cent cinquante millions de
francs. Il occupe soixante-quinze mille ouvriers,
une armée.

Outre qu'il est aussi pays d'extraction — on y compte soixante-quinze puits — Charleroi est le centre de l'industrie du fer, la terre des hauts fourneaux, le berceau des verreries. Vous n'avez qu'à jeter un regard sur son beau canal, toujours couvert de bateaux, pour vous rendre compte de l'importance de sa production et du commerce dont elle est la base.

N'allez pas croire pour cela que Mons et Charleroi soient des villes noires, ensevelies sous la poussière de leurs produits.

Vous trouverez à Mons de beaux monuments, la cathédrale de Saint-Wandru, l'Hôtel de Ville, un beffroi de près de cent mètres de hauteur avec un joyeux et puissant carillon ; des boulevards et des promenades splendides, avec des statues célèbres — celle, entre autres, de ce fameux comte de Flandre, Baudouin, qui, à la suite de la quatrième croisade, devint empereur de Constantinople.

A Charleroi, vous visiterez le musée archéologique, où vous admirerez, parmi des antiquités de haute valeur, une collection minéralogique inappréciable.

Vous irez voir le château et le parc de Chimay, le parc magnifique, le château admirablement restauré. Sur une place de la petite cité de Chimay,

vous saluerez la statue d'un ancêtre des historiens,
du chroniqueur Froissard, qui mourut là en 1410.

Qu'il me soit permis d'interrompre un instant
cette revue pour noter un souvenir qui me tient
au cœur, souvenir, d'ailleurs, vivace dans cette
belle province du Hainaut.

Il y a, au Conseil provincial, un buste entouré
du respect de tous ; ce buste est celui d'un gouverneur dont le Hainaut, après vingt-six ans, célèbre encore l'administration éclairée et paternelle.

Ce gouverneur, c'était mon grand-père.

Après Mons et Charleroi, laissez-moi faire défiler
devant vous ces autres joyaux industriels et ma-
nufacturiers, qui ont nom :

Courtrai, sur la Lys, « la Linière », comme nous
l'appelons. C'est le pays du lin et la ville de la
toile, du linge de table et de la dentelle. Faut-il
vous rappeler ce souvenir historique, cette journée
des *Eperons* dans laquelle l'armée des tisserands
flamands, conduite par les belliqueux bourgeois de
Gand, écrasa une armée française composée de
brillants chevaliers, laquelle laissa sur le champ
de bataille plus de trois mille cadavres et sept
cents éperons d'or ?

Seraing-sur-Meuse, la ville des usines Cockerill, la grande fabrique de machines, locomotives, machines motrices et autres. C'est de là que sortit, en 1835, la première locomotive qui ait roulé en Europe ; c'est Seraing qui fournit, en 1860, le matériel de percement du mont Cenis. Au-dessus de Seraing, vous pouvez voir un autre établissement aussi curieux qu'important, la cristallerie du Val Saint-Lambert.

Verviers, la drapière, qui est aujourd'hui dans cette industrie du drap ce que Louvain y fut autrefois.

Tournai, la capitale des fabriques de tapis. Sa manufacture royale est citée comme modèle. Avec cette industrie qui l'a rendue célèbre par le monde entier, Tournai a sa faïence, sa bonneterie, des filatures de lin et l'exploitation de ses carrières de pierres si réputées.

En courant, j'ai sauté par-dessus quelques villes que je dois, à notre histoire au moins, de vous nommer :

Furnes, l'ancienne Furnes, aujourd'hui endormie,

comme Bruges avec qui elle put un jour rivaliser de splendeur ;

Ypres, qui compta autrefois jusqu'à quatre mille métiers de tisserands et où vous verrez encore une Halle aux draps dont la beauté et les dimensions — cent quarante mètres de surface — vous diront assez le fier passé de cette ville ;

Malines, le siège du primat de Belgique, Malines à qui l'on peut appliquer ce que je viens de dire d'Ypres et qui, par ses monuments et son aspect général, est restée une de nos belles villes ;

Louvain, que j'ai citée à propos de Verviers, l'ancienne capitale du Brabant ;

Huy, dans la vallée de la Meuse et Floreffe, sur la Sambre, deux sites d'un pittoresque exquis. Tout autour, sur les hauteurs, des abbayes célèbres, notamment, près de Huy, l'abbaye de Neumoustier, qui fut bâtie par Pierre l'Ermite, le moine prêcheur de la première croisade ;

Bouillon, la patrie de Godefroid de Bouillon, qui mena la croisade prêchée par Pierre l'Ermite et fut le premier roi chrétien de Jérusalem ; c'est à Bouillon que descendit Napoléon III, fait prisonnier à Sedan ; le champ de bataille est à une heure de voiture.

Dinant, plantée sur un rocher qui domine la

Meuse, le tableau peut-être le plus pittoresque de toute la Belgique. Vous visiterez son antique forteresse, son église gothique, son casino, sa grotte de Montfat — et vous mangerez de ses coucques, gâteaux de farine d'épeautre et de miel ;

Rochefort, l'ancienne capitale du comté des Ardennes. Je vous recommande sa grotte et surtout, à quelques kilomètres de là, celle de Han, une grotte d'un kilomètre et demi traversée par une petite rivière. Les vastes salles dont elle est composée portent pour la plupart des noms singuliers tirés de l'histoire des Enfers : ici le trône de Pluton, là le boudoir de Proserpine. Ce qu'il y a de particulièrement curieux dans ces salles, ce sont leurs stalactites affectant des formes et réalisant des entrelacements d'un effet tel que quelques-unes des chambres portent d'elles le nom de Merveilleuses...

Je vous parle de curiosités ; celle que je tiens à vous recommander par-dessus tout, c'est le voyage de Namur à Dinant par le bateau à vapeur. Tout le monde a chanté les bords du Rhin ; vous admirerez ici les bords de la Meuse.

Laissez-moi vous présenter encore une petite ville d'un pittoresque qui n'a d'égal en Belgique que celui de Dinant : c'est Thuin, délicieusement campée sur une hauteur d'où elle regarde couler la

Sambre, Thuin où j'ai passé une partie de mon enfance, Thuin où j'ai encore une partie de ma famille et tant de bonnes amitiés, Thuin enfin vers qui s'en va souvent mon souvenir ému et que je je revois toujours avec bonheur !

Et puisque me voici revenu pour un instant à mes années d'enfance, permettez-moi de saluer Marchienne, le berceau de ma famille, de mon père, un nid dont les charmes sont toujours devant mes yeux et emplissent mon cœur...

J'arrive au littoral, à ces innombrables stations balnéaires qui, du côté de la mer, font une adorable ceinture à la Belgique.

Voici Ostende, la plage célèbre, la plage royale, et je ne lui donne pas ce titre parce qu'elle est, pour l'été, la résidence de prédilection du roi, à qui elle doit sa grandeur actuelle, mais parce qu'elle est réellement reine entre les plages, par son étendue, ses agréments et son animation.

La digue qui ferme cette plage a quatre kilomètres de longueur; c'est la promenade favorite des baigneurs.

Veuillez noter qu'Ostende est un port de belle importance, le frère cadet d'Anvers; c'est de là que

vous partez pour Douvres, par cette ligne si connue
de paquebots Douvres-Ostende.

Je vous ai cité une première promenade, en voici
d'autres :

Les deux jetées de l'Estacade, terminées, à six
cents mètres en mer, qui vous offrent une adorable
vue de la mer et du mouvement de navires et de
barques qui la sillonne.

Le Parc et le Bois de Boulogne ; le Kursaal...
Devant cet établissement, il faut s'incliner ; ni les
plages normandes, ni celles de la Manche, ni la
côte d'Azur jusqu'à Nice n'en ont d'aussi fastueux.

Vous attendez que je vous parle des huîtres d'Ostende. Sujet banal à force d'être connu. La première écaillère venue vous renseignera mieux que
moi. Mais les huîtrières, les parcs, les réservoirs
méritent une visite ; le tableau est très curieux.

Ces huîtres viennent des côtes de l'Angleterre ;
elles ont pour voisins, dans des réservoirs spéciaux, des homards qui viennent de la Norwège.

D'Ostende, le tramway à vapeur nous transporte
à Mariakerke, petite plage tranquille et accessible
aux budgets modestes ; puis à Middelkerke, autre

station secondaire mais absolument charmante.

Nous arrivons à Nieuport, une nouvelle plage qui deviendra grande, comme le poisson. A propos de poisson, vous pourrez suivre là, dans tous ses détails, l'industrie de la pêche côtière et faire de jolies promenades à âne.

Aimez-vous le calme, la retraite dans un site délicieux? Voici Adinkerke (La Panne), véritable nid de verdure d'où l'on peut d'un saut passer en France.

Plus considérable, plus mouvementée que les précédentes, dotée d'une plage superbe, voici Blankenberghe qui se développe tous les jours et serre de près son grand modèle Ostende. Elle se multiplie pour atteindre à la grande réputation ; sa plage est éclairée à la lumière électrique ; son casino est toujours en fête ; les courses de chevaux succèdent aux nuits vénitiennes ; les concours d'orphéons, de tir, les régates, les expositions diverses ne laissent pas un jour vide.

Je dois vous recommander le poisson de Blankenberghe, soles, turbots, barbues, les moules surtout ; ces dernières sont presque aussi célèbres que les huîtres d'Ostende. Aussi curieuse à voir que ses produits sont bons à savourer, la population des pêcheurs a gardé, avec le costume d'autrefois, les privilèges qui datent de plusieurs siècles.

Entre Ostende et Blankenberghe, Wenduyne, qui date d'hier; petite plage agréable dont les baigneurs commencent à savoir le chemin.

Plus loin, Heyst-sur-Mer et Knocke, cette dernière de création riante.

Spa !

Prenez un joli site de la Suisse, dotez-le d'un climat délicieux, transportez-y l'élégante clientèle de Vichy, vous aurez Spa.

Pourquoi insisterais-je sur la réputation de Spa? Voilà des siècles qu'elle est établie et consacrée par la prédilection des têtes couronnées et de tout ce que l'Europe compte de plus grand et de plus fortuné. Si Ostende a, pour l'été, les préférences du roi de Belgique, c'est Spa que choisit souvent la reine pour y passer la saison des eaux.

Je ne vous dirai ni les qualités des sources, ni leur emploi, c'est l'affaire de votre médecin; mais je vous les recommanderai, ne serait-ce que pour ne pas être taxé d'ingratitude. J'ai fait, en effet, à Spa des visites réitérées et des séjours toujours trop courts pour le plaisir que j'y goûtais.

Une aimable promenade à Spa, c'est la visite aux Fontaines, ce que les touristes appellent faire le « tour des fontaines ». Je vous recommande également quelques excursions curieuses, à la Cascade de Coo, un petit tableau très suisse, aux ruines de Franchimont, à la grotte de Remouchamps et au barrage de la Gileppe, une merveille monumentale jetée en travers de cette rivière pour former le réservoir qui alimente Verviers et ses manufactures.

La route qui conduit de Verviers à Spa est, elle-même, une délicieuse promenade; les charmes de cette route s'imposaient d'ailleurs, comme introduction à cette station de Spa.

A mon dernier passage, il m'a semblé que l'affluence annuelle — dix fois la population de la ville qui compte environ huit mille habitants — avait encore augmenté. Il n'en saurait être autrement : Spa, ville d'eaux, doit être le pendant d'Ostende, la plage entre toutes réputée.

Me voici à la dernière page de mon livre, et, pour tout dire de la Belgique, de ses mérites et, de ses

beautés, de son glorieux passé et de son florissant
présent, il m'en faudrait encore une autre.

A la fin de la courte préface qui commence ce
livre et le présente à ma famille et à mes amis, j'ai
écrit :

« Mes vœux seront comblés, mon ambition
intime sera satisfaite si la lecture de ce livre leur
procure un peu des joies réelles que j'ai connues à
courir le monde. »

A la fin de ce chapitre consacré à la patrie, qu'il
me soit permis d'exprimer un autre vœu, de confesser une autre ambition :

« Ce que je désire par-dessus tout, c'est que ma
patrie soit connue et aimée comme elle le mérite :
puisse ce livre, s'il a la bonne fortune de développer le goût des voyages, inspirer aux étrangers
qui le liront le désir de voir la Belgique... J'ai
cette conviction filiale que la voir, c'est l'aimer. »

TABLE

Paris. — Imprimerie PAUL DUPONT, 4, rue du Bouloi (01.) 25.2.97.